INHALT

7	Hi, Rebels!
9	Wir stürmen die Küche: Über dieses Buch
10	Das musst du wissen
18	Party Time!
20	**KLEINER HUNGER**
68	**GROSSER HUNGER**
120	**SÜSSER HUNGER**
154	Über Rebel Girls
156	Register

Hi, Rebels!

Willkommen zum allerersten Rebel Girls Kochbuch! Toll, dass du dabei bist!

Egal ob du noch nie gekocht oder schon oft mit deiner Familie Essen zubereitet hast – hier bist du richtig. Du willst wissen, wie man am besten eine Avocado entkernt oder ein Ei aufschlägt? Mit den Schritt-für-Schritt-Anleitungen in diesem Buch lernst du praktische Techniken ganz leicht. Du bist neugierig auf die Küche anderer Länder? Entdecke internationale Rezepte und Zutaten in vielen tollen Geschmacksrichtungen. Du bist wählerisch? Probiere neue Rezepte aus und mache sie so, wie du es magst!

Welcher Typ du auch bist, Rebel Girls bringt dir wichtige Koch-Skills bei, stellt dir neue Gerichte und Rezepte vor und gibt dir das nötige Selbstvertrauen, um die Küche zu erobern. Der beste Weg für mehr Selbstvertrauen ist es, etwas Neues auszuprobieren. Du wirst dich in null Komma nichts wie eine Sterneköchin fühlen!

Bevor wir mit den Rezepten loslegen, werden wir dir einige Koch-Basics vorstellen, damit in der Küche alles klappt. In jedem Kapitel findest du leckere Rezepte aus verschiedenen Ländern, liest zwischendurch spannende Geschichten über starke Frauen (in der Küche und anderswo) und hörst von den Lieblingsrezepten anderer Kinder.

Außerdem lernst du einige Rebellinnen aus der Welt des Kochens kennen, die ihre eigenen Restaurants eröffnet, Kochbücher geschrieben und ihre Rezepte mit Menschen aus aller Welt geteilt haben. In diesem Buch werden sie ihre Erfahrungen und ihre Rezepte mit dir teilen. Asma Khan, der das Restaurant *Darjeeling Express* in London gehört, zeigt dir, wie man Lachsfrikadellen macht, und die Kochbuchautorin Hetty Lui McKinnon wird dir helfen, Chow mein mit Gemüse und Tofu zuzubereiten. Und das sind nur zwei der großartigen Frauen, die du auf den nächsten Buchseiten kennenlernen wirst. Wir hoffen, sie inspirieren dich dazu, deinen eigenen Weg zu gehen, wenn du eines Tages selber (Chef-)Köchin werden willst oder nach anderen kreativen Wegen suchst, dich (mit Essen) zu verwirklichen.

Wir wünschen uns, dass du neue Geschmacksrichtungen entdeckst, deine neuen Fähigkeiten mit deinen Freunden oder deiner Familie ausprobierst und herausfindest, was in der Küche gut funktioniert. Lass uns kochen!

DAS REBEL GIRLS TEAM

WIR STÜRMEN DIE KÜCHE: ÜBER DIESES BUCH

BEVOR ES LOSGEHT

Du hast dir ein Rezept ausgesucht und möchtest loslegen? Bevor du Zutaten zusammenträgst oder den Herd oder Backofen einschaltest, **lies dir das ganze Rezept durch!** Wirklich von Anfang bis Ende (und dann am besten noch einmal). So weißt du, was auf dich zukommt, wie schwierig das Rezept ist und ob du vielleicht einen Erwachsenen um Hilfe bitten musst. Küchengerätschaften, die du zur Hand haben solltest, erkennst du im Text an der **blauen Schrift**.

Wenn du das Rezept gelesen hast, kannst du mit der **Vorbereitung** anfangen. Wasch dir zuerst die Hände und wenn du lange Haare hast, binde sie zusammen. Miss flüssige Zutaten mit einem Messbecher oder einem Löffel ab, für trockene Zutaten brauchst du eine Waage. Schneide Gemüse, Obst und Kräuter (immer vorher waschen und abtrocknen!). Lege jede vorbereitete Zutat in eine Schüssel, damit du den Überblick behältst.

Jetzt geht es richtig los! Befolge die Schritte, immer einen nach dem anderen. Schau dir auch die Fotos an. Wenn du scharfe Messer benutzt oder eine Küchenmaschine oder am heißen Herd oder Backofen hantierst, sollte immer ein Erwachsener in der Nähe sein.

Wenn einmal etwas nicht so gut gelingt, ist das nicht schlimm. Fehler können beim Kochen und Backen immer passieren und du kannst aus ihnen lernen. Überlege dir, was du beim nächsten Mal anders machen willst. Und auch wenn dein Gericht vielleicht nicht perfekt aussieht, schmeckt es immer noch prima.

SYMBOLE

Die Symbole in diesem Buch geben dir wichtige Informationen zu den Rezepten. Hier kannst du lesen, was sie bedeuten.

 Vorsicht! Bei diesem Schritt sollte ein Erwachsener in der Nähe sein.

 Das Gericht ist in weniger als 30 Minuten fertig.

 Für dieses Rezept brauchst du weder Herd noch Backofen oder Toaster.

 Für dieses Rezept brauchst du weder Messer noch Küchenmaschine.

 Dauert etwas länger. Gut für Wochenenden, Ferien oder wenn du mit Familie oder Freunden kochst.

 Vegetarisch. Enthält weder Fleisch noch Geflügel oder Fisch, aber vielleicht Eier.

 Vegan. Enthält nichts, was von Tieren stammt.

 Dieses Rezept kannst du nach deinem Geschmack verändern.

DAS MUSST DU WISSEN

Was hier erklärt wird, musst du für die Rezepte in diesem Buch wissen … und auch für viele andere. Wenn du die Techniken jetzt übst, kannst du sie später immer wieder anwenden.

 Für viele dieser Techniken musst du ein scharfes Küchenmesser benutzen. Lass dir dabei ruhig von einem Erwachsenen helfen.

ZUTATEN ABMESSEN UND WIEGEN

Flüssige Zutaten
Nimm zum Abmessen von flüssigen Zutaten wie Wasser oder Milch einen Messbecher. Gieße die Flüssigkeit langsam hinein, bis sie den richtigen Strich erreicht. Geh in die Knie, damit der Messbecher auf Augenhöhe ist. Die Flüssigkeit muss genau auf Höhe des Strichs auf dem Messbecher stehen. Die Striche zeigen Milliliter (ml) und Liter (l) an.

Trockene Zutaten
Für trockene Zutaten wie Mehl oder Zucker kannst du eine Küchenwaage benutzen. Manche Waagen haben eine Skala mit Strichen, die Gramm (g) und Kilogramm (kg) anzeigen. Andere Waagen haben eine LED-Anzeige.

LÖFFEL

Löffel werden benutzt, um kleine Mengen abzumessen, zum Beispiel Öl, Salz, Backpulver oder Gewürze. Solche Messlöffel kann man als Set kaufen, du kannst aber auch einfach einen Esslöffel (EL) und einen Teelöffel (TL) aus der Besteckschublade nehmen.

EIN KÜCHENMESSER RICHTIG HALTEN

Um deine Finger zu schützen, ist es wichtig, das Messer richtig zu halten! Lege deine Hand um den Griff des Messers. Den Zeigefinger kannst du oben auf die Klinge drücken. Wenn du schneidest oder hackst, halte die Lebensmittel immer mit der anderen Hand mit dem Krallengriff. Das heißt, du krümmst deine Fingerspitzen von der scharfen Klinge weg, damit du dich nicht schneidest.

FRISCHE KRÄUTER HACKEN

Wenn für ein Rezept nur die Blätter gebraucht werden, musst du sie zuerst von den Stielen zupfen. Häufe die Blätter (und Stiele, wenn sie verwendet werden) auf ein Schneidebrett. Halte ein **Küchenmesser** mit einer Hand am Griff und lege die andere Hand flach auf den Rücken der Messerklinge. Wippe mit der Messerklinge hin und her und bewege das Messer dabei langsam von einer Seite zur anderen, um die Kräuter in ganz kleine Stückchen zu schneiden.

ZWIEBELN SCHÄLEN UND HACKEN

1 Lege die Zwiebel auf ein Schneidebrett. Schneide sie mit einem Küchenmesser durch die Wurzel in zwei Hälften. Lege die Hälften flach hin und schneide die Spitzen ab. Jetzt kannst du die Schale mit den Fingern abziehen. Wirf die Schale und die abgeschnittenen Enden weg.

2 Schneide die Zwiebel mit dem Küchenmesser senkrecht ein – fast bis zum Wurzelende. Lass zwischen den Schnitten 5–10 mm Abstand.

3 Drehe die Zwiebel und schneide quer zu den Schnitten, die du vorher gemacht hast. Lass wieder zwischen den Schnitten 5–10 mm Abstand.

DAS MUSST DU WISSEN

CHILIS VORBEREITEN

Wenn du Chilis verarbeitest, ziehe am besten Einweghandschuhe an und fasse dir nicht ins Gesicht! Der scharfe Stoff in den Chilis heißt Capsaicin und er kann die Haut reizen.

1

Lege eine Chili auf ein **Schneidebrett**. Schneide mit einem **Küchenmesser** den Stiel und das obere Ende von der Schote ab. Wirf das abgeschnittene Stück weg.

2

Schneide die Chili der Länge nach in zwei Hälften.

3

Kratze die Samen mit einem **Teelöffel** heraus und wirf sie weg.

4

Drehe eine Chilihälfte mit der Haut nach unten. Schneide sie der Länge nach in dünne Streifen. Dann schneide sie in der anderen Richtung in ganz kleine Stücke. Wiederhole dasselbe mit der anderen Chilihälfte, wenn du so viel für dein Rezept brauchst.

KNOBLAUCH SCHÄLEN UND HACKEN

1

Lege eine Knoblauchzehe auf ein Schneidebrett. Drücke mit der flachen Unterseite eines **trockenen Messbechers** kräftig auf die Knoblauchzehe. Dann kannst du die papierartige Schale ablösen und wegwerfen.

2

Nimm ein **Küchenmesser** in eine Hand und lege die andere Hand flach auf den Rücken der Messerklinge. Wippe mit dem Messer hin und her und bewege es dabei zur Seite. Je länger du wippst und hackst, desto kleiner werden die Stücke.

DAS MUSST DU WISSEN

DEN KERN AUS EINER AVOCADO LÖSEN

1 Die Avocado mit einem **Tafelmesser** der Länge nach in zwei Hälften schneiden, immer um den Kern in der Mitte herum. Drehe die Hälften in entgegengesetzte Richtungen. Dann kannst du sie auseinandernehmen.

2 Halte die Avocadohälfte mit dem Kern in beiden Händen. Lege beide Daumen auf die Außenseite und drücke kräftig nach oben. Vorsicht, es kann sein, dass der Kern herausspringt! Wirf den Kern weg.

DAS MUSST DU WISSEN

ZITRUSFRÜCHTE ABREIBEN UND AUSPRESSEN

ABREIBEN

Die farbige Schale von Zitronen, Limetten, Orangen und anderen Zitrusfrüchten kann man wie ein Gewürz verwenden. Mit einer feinen Reibe kann man sie entfernen. Fahre mit der Reibe auf der Schale hin und her und drehe die Frucht dabei. Pass auf deine Finger auf und reibe nicht die weiße Schicht darunter ab, denn sie schmeckt bitter. Nur die Schale von Bio-Zitrusfrüchten ist essbar.

AUSPRESSEN

Schneide die Frucht mit einem Küchenmesser quer durch. Lege eine Hälfte in eine Zitruspresse. Halte die Presse über eine kleine Schüssel und drücke die Hebel fest zusammen. Dann tropft der Saft in die Schüssel.

KÄSE RASPELN UND REIBEN

RASPELN

Fahre mit einem großen Stück Käse über die großen Löcher einer **Kastenreibe**. Pass auf, dass du mit den Fingern nicht zu nahe an die scharfen Kanten der Löcher kommst. Zum Raspeln eignen sich weichere Käsesorten wie Cheddar, Gouda oder fester Mozzarella.

REIBEN

Fahre mit einem großen Stück Käse über die kleinen Löcher einer **Kastenreibe**. Pass auf, dass du mit den Fingern nicht zu nahe an die scharfen Kanten der Löcher kommst. Zum feinen Reiben eignen sich harte Käsesorten wie Parmesan oder Pecorino.

BUTTER SCHMELZEN

Auf dem Herd: Lege die Butter in einen **kleinen Topf**. Schalte den Herd auf schwache Hitze und schwenke den Topf ab und zu, bis die Butter flüssig ist. Schalte den Herd aus. Du kannst die Butter auf einem Stövchen flüssig halten.

In der Mikrowelle: Schneide die Butter mit einem **Tafelmesser** in kleine Stücke, etwa so groß wie ein Teelöffel. Lege sie in eine **Mikrowellenschüssel** und decke sie mit einem **Mikrowellenteller** zu. Schalte die Mikrowelle auf halber Leistung ein und stelle den Timer auf 30 Sekunden. Wenn die Butter danach noch flüssig ist, erhitze sie nochmals 30 Sekunden.

EIER AUFSCHLAGEN UND TRENNEN

Aufschlagen: Klopfe mit der Seite des Eis auf den Rand einer Schüssel. Halte das Ei über die Schüssel und brich die Schale auseinander. Dann fallen Eigelb und Eiweiß in die Schüssel. Wirf die Eierschale weg und spüle deine Hände ab.

Eigelb und Eiweiß trennen: Hebe das Eigelb ganz vorsichtig mit der Hand an. Lass das Eiweiß durch deine Finger in die Schüssel tropfen. Lege das Eigelb in eine andere Schüssel. Danach musst du dir die Hände waschen.

ABSCHMECKEN

Abschmecken bedeutet, kurz vor dem Servieren noch etwas Salz (und manchmal gemahlenen schwarzen Pfeffer) an ein Gericht zu geben. Probiere zuerst und überlege, ob noch etwas Salz und/oder Pfeffer fehlen. Gib eine kleine Menge dazu, rühre um und probiere noch einmal – mit einem sauberen Löffel. War das genug oder möchtest du noch etwas mehr Salz und Pfeffer dazugeben?

EIN BRATENTHERMOMETER BENUTZEN

Mit einem **Bratenthermometer** kannst du genau feststellen, ob Fleisch oder Fisch heiß genug ist, um gegessen zu werden. Stecke das spitze Ende des Thermometers mitten in die dickste Stelle des Fleisch- oder Fischstücks. Das geht einfacher, wenn du Fleisch oder Fisch dabei mit einer **Zange** festhältst. Lies die Temperatur ab und vergleiche sie mit der, die im Rezept steht. Ist deine Temperatur niedriger, muss dein Gericht noch etwas weitergaren.

HEISSES ÖL UND RAUCHENDES ÖL

In vielen Rezepten soll das Öl in einer Pfanne auf dem Herd erhitzt werden, bis es heiß ist, aber nicht raucht. Geh in die Knie, sodass die Pfanne auf Augenhöhe ist (aber halte mit dem Gesicht genügend Abstand zum Herd). Wenn das Öl schimmert und aussieht, als wären darauf kleine Wellen, ist es heiß. Siehst du aber kleine Rauchfahnen aufsteigen, ist es zu heiß. Dann musst du den Herd abschalten, die Pfanne vom Herd nehmen und einen Moment abkühlen lassen. Bitte einen Erwachsenen, die Pfanne auszuwischen und versuche es mit frischem Öl noch einmal.

PARTY TIME!
TIPPS UND IDEEN FÜR FRÖHLICHE FEIERLAUNE

Mit einem besonderen Essen oder einem tollen Dessert wird jede Party – oder ein ganz normaler Dienstag – zu etwas Besonderem. Wir haben da ein paar Vorschläge für euch.

EISDIELE

Bereite eine große Portion Bananeneis (Seite 150) vor und eröffne eine Eisdiele. Stelle verschiedene Toppings in einer Muffinform oder in kleinen Schüsseln bereit, außerdem eine leckere Schlagsahne (Seite 148), warme Schokoladensoße (Seite 152) und/oder Erdbeersoße (Seite 153). Dann dürfen sich die Gäste ihre Eisbecher selbst zusammenstellen.

POPCORN-PARTY

Für einen Filmabend könntest du eine große Portion Popcorn (Seite 52) vorbereiten. Alle Gäste dürfen es selbst nach Lust und Laune mit Gewürzen und Toppings verfeinern. Ihr könntet auch abstimmen, welche Geschmacksrichtung euch am besten gefällt.

DEN TISCH DEKORIEREN

Für ein Essen mit der Familie kannst du den Tisch besonders schön decken. Erledige das, bevor du zu kochen anfängst. Lege eine Tischdecke auf und schmücke den Tisch mit frischen Blumen, Früchten, Gemüse, Muschelschalen oder anderen interessanten Kleinigkeiten, die du im Haus findest. Vielleicht möchtest du Farben aussuchen, die zu deinen Gerichten passen. Du könntest auch Menükarten entwerfen und auf die einzelnen Teller legen.

GEMEINSAM KOCHEN

Mach doch das Kochen zum Fest! Bereite ein paar Arbeitsplätze vor und dann können alle mithelfen, die Gerichte vorzubereiten. Wie wäre es mit Hähnchen-Bowls (Seite 71), Musubi mit Frühstücksfleisch (Seite 39) oder Pizza (Seite 104). Lieber süß? Dann könntet ihr Mini-Pfannkuchen (Seite 59) backen und euch selbst leckere Toppings dafür überlegen.

BRUNCH

Ein ausgedehntes Frühstück ist eine super Sache. Dafür eignen sich zum Beispiel Avocado-Toasts (Seite 22), Arme Ritter (Seite 60), Quesadillas (Seite 33) oder auch ein grüner Smoothie (Seite 66). Alle dürfen sich ihre Gerichte mit Toppings oder Soßen aufpeppen. Setzt euch ruhig im Schlafanzug an den Tisch.

Kleiner Hunger

22	Avocado-Toast	46	Apfel-Käse-Sandwich
25	Tacos mit Ei & Käse	49	Guacamole für zwei
26	Muffin-Snack	50	Hummus
31	Kichererbsen-Sandwich **von Lauren Toyota**	52	Pizza-Popcorn
		55	Süß-scharfe Knabbermischung
33	Quesadilla	59	Mini-Pfannkuchen
36	Superschnelle cremige Tomatensuppe	60	Arme Ritter
39	Musubi mit Frühstücksfleisch	63	Bananenkuchen mit Schokofüllung
43	Focaccia-Sandwich mit Tomate & Mozzarella **von Ali Slagle**	66	Exotischer grüner Smoothie

AVOCADO-TOAST

FÜR 2 PERSONEN

ZUTATEN

1 reife Avocado, entkernt (Seite 14)

1 EL natives Olivenöl extra

Saft von ½ kleinen Zitrone (Seite 15)

2 Scheiben Brot

Salz und Pfeffer

Wenn du magst, kannst du auf den Toast noch ein Spiegelei oder etwas Kochschinken legen. Du kannst deinen fertigen Toast auch mit Kräutern, Gewürzen und/oder Käse garnieren – noch mehr Ideen findest du auf der nächsten Seite.

1. Halte die Avocadohälften über eine mittelgroße Schüssel und drücke die Schale zusammen. Das Fleisch fällt in die Schüssel. Wirf die Schalen weg.

2. Gib Öl und Zitronensaft in die Schüssel. Zerdrücke alles mit einem Kartoffelstampfer oder einer Gabel. Kleine Avocadostückchen dürfen noch zu sehen sein.

3. Röste das Brot in einem Toaster goldbraun. Lege jede Scheibe auf einen Teller.

4. Verteile die Avocadomischung mit einem Löffel gleichmäßig auf die Brotscheiben. Verstreiche sie mit der Rückseite des Löffels. Bestreue alles mit etwas Salz und Pfeffer. Lass es dir schmecken!

 Food Storys

Schon vor mehr als 10 000 Jahren haben die Menschen in Mexiko Avocados in Tortillas gegessen. Aber es hat lange gedauert, bis der Rest der Welt Avocados für sich entdeckt hat. Erstmals tauchte Avocado-Toast in den 1990er-Jahren auf Speisekarten in Australien auf, dann hat die Köchin Chloe Osborne sie in den 2000ern in Amerika bekannt gemacht. Sie hatte in Australien als Kind Avocados gegessen und sie im *Café Gitane*, einem berühmten Lokal in New York City, auf die Speisekarte gesetzt.

DA GEHT NOCH MEHR!

Mit Lachs und Gewürzen

Lass Salz und Pfeffer in Schritt 4 weg. Belege jedes Stück Avocado-Toast mit 1–2 Scheiben Räucherlachs (wenn du magst). Bestreue jedes Stück mit etwas Salz, Pfeffer, Sesam und Mohn.

Mit Za'atar und Feta

Bestreue jeden Toast gleichmäßig mit ½ TL Za'atar (eine Gewürzmischung aus dem Nahen Osten) und 1 EL zerkrümeltem Feta.

WIE SCHMECKT'S?

„Wir hatten richtig Spaß dabei, die Tacos zu machen, es war wie eine leckere Überraschung. Die Eier sahen aus wie kleine Wolken und die Tortillas wurden wie warme Decken auf den Käse gelegt!" – Ariana, 10 Jahre

TACOS MIT EI & KÄSE

FÜR 2 TACOS

In diesen cleveren kleinen Tacos steckt ein Spiegelei! Du kannst dafür jeden Käse benutzen, der schön schmilzt – Cheddar, Mozzarella, Gouda, Emmentaler, nimm, was du magst. Zum Schluss kannst du noch deine Lieblings-Toppings auf die fertigen Tacos geben: Tomatenstücke, Schinkenwürfel oder Wurst, Avocado, Chilisoße oder eine andere Soße, Kräuter – alles schmeckt.

ZUTATEN

2 große Eier

Salz und Pfeffer

1 TL Pflanzenöl

2 Scheiben Käse (siehe Einleitung), oder 4 EL geriebener Käse (Seite 16)

2 Mais-Tortillas (15 cm)

1 Schlage jedes Ei einzeln in eine **kleine Schüssel** oder einen **Becher**. Die Eigelbe sollen heil bleiben. Bestreue jedes der Eier mit etwas Salz und Pfeffer. Stelle sie in die Nähe des Herds.

2 Gib das Öl in eine **beschichtete Pfanne (30 cm)**. Stelle sie bei mittlerer Hitze auf den Herd, bis das Öl heiß ist, aber nicht raucht (Seite 17). Das dauert etwa 2 Minuten.

!! 3 Schwenke die Pfanne, damit das Öl sich gleichmäßig verteilt. Fasse den Griff dabei mit einem **Topflappen** an und stelle die Pfanne nach dem Schwenken wieder auf den Herd.

4 Gieße die Eier einzeln hinein, jedes auf eine Seite der Pfanne. Wenn du das Eigelb flüssig magst, sollte es dabei nicht kaputt gehen. Wenn es fest werden soll, kannst du das Eigelb einstechen.

5 Brate die Eier 2 Minuten. Drehe sie dann mit einem **Pfannenwender** um. Lege auf jedes Ei eine Scheibe Käse oder bestreue es mit 2 EL geriebenem Käse. Lege einen **Deckel** auf die Pfanne und warte noch 1 Minute.

6 Nimm den Deckel mit einem Topflappen vorsichtig ab. Wenn der Käse noch nicht geschmolzen ist, musst du den Deckel noch 30 Sekunden auf die Pfanne legen. Lege dann vorsichtig eine Tortilla auf den geschmolzenen Käse auf jedem Ei.

!! 7 Schiebe den Pfannenwender vorsichtig unter ein Ei. Lege deine Fingerspitzen auf die Tortilla. Hebe den Pfannenwender an und drehe den Taco um. Dabei musst du die Finger aus dem Weg nehmen. Wiederhole dasselbe mit dem anderen Taco.

8 Brate die Tacos noch 1 Minute, bis die Tortillas warm sind. Schalte den Herd aus. Lege die Tacos mit dem Pfannenwender auf **Teller**. Bestreue sie mit etwas Salz und Pfeffer.

Food Storys

Heute ist es ganz einfach, im Supermarkt eine Packung Tortillas zu kaufen, aber das war nicht immer so. Traditionell war es die Aufgabe der Frauen, Tortillas zu backen – und es war keine leichte. Mexikanische Frauen haben eingeweichte und vorbehandelte Maiskörner gemahlen und sie danach in Formen gepresst, worin die Tortillas dann über dem Feuer gebacken wurden. Manche Köchinnen, wie Rosalía Chay Chuc, machen das immer noch auf diese traditionelle Art. In Yucatán, Mexiko, serviert sie Cochinita Pibil, eine Art Schweinebraten, in selbst gemachten Tortillas.

KLEINER HUNGER

MUFFIN-SNACK

FÜR 12 STÜCK

In unseren kleinen Muffin-Snacks versteckt sich eine besondere Überraschung – eine Krokette! Lege Muffinförmchen in dein Muffinblech, sonst kann die Eimischung festkleben. Es funktioniert mit Förmchen aus Papier oder Silikon, aber auch mit Backpapier, in 10 × 10 cm große Stücke geschnitten. Wenn du ein Muffinblech aus Silikon hast, brauchst du keine extra Förmchen – die Eier lösen sich leicht heraus. Du kannst für dieses Rezept Paprikaschoten in jeder Farbe nehmen.

ZUTATEN

- 8 große Eier
- ½ TL mittelscharfer Senf (wenn du magst)
- 170 g Cheddar, geraspelt (Seite 16)
- ½ TL Salz
- ¼ TL schwarzer Pfeffer
- 4 EL Speckwürfel
- 1 Paprika, entkernt und gehackt
- 12 Kartoffelkroketten, aufgetaut

1. Schiebe einen Rost auf der mittleren Schiene in den Backofen. Heize den Ofen auf 175 °C vor. Lege ein 12er-Muffinblech aus (siehe Einleitung).

2. Gib Eier, Senf (oder auch nicht), Käse, Salz und Pfeffer in eine große Schüssel und rühre mit einem Schneebesen kräftig um.

3. Gieße die Eiermischung mit einem Messbecher oder einer Kelle in die Muffinförmchen. Sie werden ungefähr halb voll. Streue den Speck und die Paprikawürfel in die Förmchen. Stecke dann in die Mitte jeder Form eine Krokette (Foto rechts).

4. Schiebe das Muffinblech in den Backofen. Backe die Eier 20–25 Minuten, bis sie fest sind. Sie sollen über den Rand der Förmchen aufgehen.

!! 5. Zieh Ofenhandschuhe an und nimm das Muffinblech aus dem Backofen. Stelle es auf dem Herd oder auf einem Kuchengitter ab und lass die Eier 5 Minuten abkühlen.

6. Jetzt kannst du die Eier mit einem Tafelmesser oder einem Essstäbchen vorsichtig aus dem Muffinblech nehmen. Achtung, das Blech ist noch heiß! Esst die Muffins, solange sie warm sind.

MUFFIN-SNACK MIT SPINAT & FETA

Lass Speck und Paprika weg und nimm stattdessen 1 Handvoll gehackten jungen Spinat. Ersetze den Cheddar durch zerkrümelten Feta. Rühre in Schritt 2 alle Zutaten außer den Kroketten zusammen. In Schritt 3 streust du nichts auf die Eier, sondern drückst nur die Kroketten hinein.

WIE SCHMECKT'S?

„Die Kartoffelkrokette in der Mitte war eine tolle Überraschung im Mund!"
– Anastasia, 9 Jahre

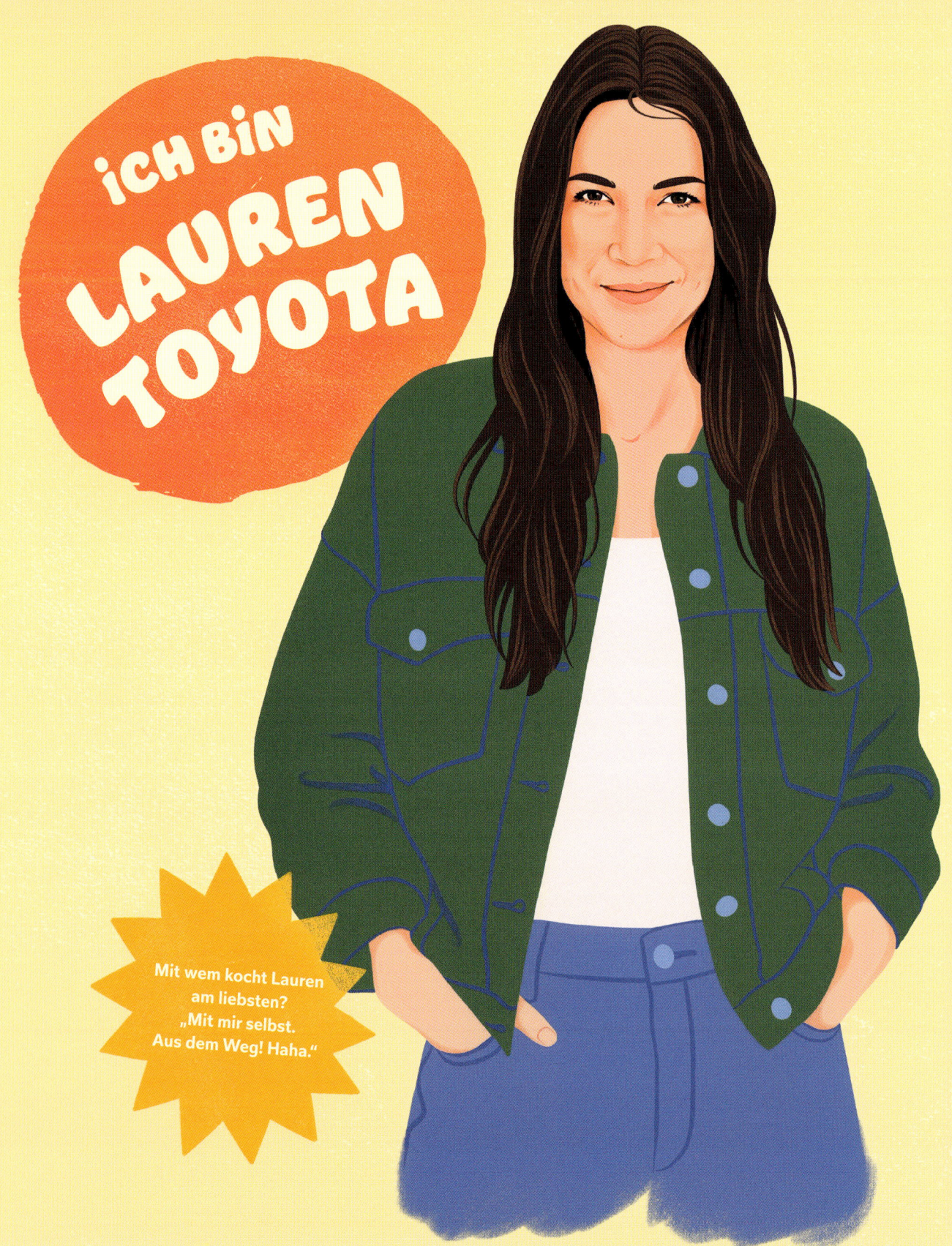

Als Kind war es eine von Laurens liebsten Beschäftigungen, sich mit einer großen Portion Nudelauflauf vor den Fernseher zu setzen. Inzwischen kocht sie eigene, vegane Versionen davon und der Geschmack der warmen, weichen Nudeln erinnert sie immer an ihre Kindheit.

Auf ihrer Website, ihrem YouTube-Kanal und in ihren zwei erfolgreichen Kochbüchern entwickelt Lauren vegane Versionen von klassischen Gerichten oder wie sie selbst sagt: „Ich koche leckeres Comfort-Food, das aus Pflanzen gemacht ist." Sie hat eine Weile gebraucht, um zu verstehen, dass man nicht unbedingt Fleisch und Milchprodukte essen muss. Nun begeistert es sie, ihrer Community zu zeigen, dass veganes Essen genauso lecker sein kann wie Essen mit tierischen Produkten – wenn nicht sogar noch leckerer!

Wenn Lauren ein Abendessen für Rebel Girls organisieren würde, wären die Moderatorin Oprah Winfrey, Fernsehköchin Martha Stewart und die Komikerin Chelsea Handler unter den Gästen. Sie würde eigene Variationen ihrer Lieblingsgerichte aus dem Süden der USA auftischen, darunter Nudelauflauf, gebratenes „Hähnchen" aus Pilzen und einen Pfirsichkuchen (natürlich alles vegan).

Wenn es um Auberginen geht, ist Lauren pingelig. Sind sie nicht perfekt zubereitet, dann sind sie das Gemüse, das sie am wenigsten mag. Geröstet und mit Miso-Butter oder Romanesco-Soße serviert findet sie Auberginen jedoch „köstlich, butterig und ein sehr interessantes Gemüse".

KLEINER HUNGER

KICHERERBSEN-SANDWICH

FÜR 4 SANDWICHES

„Kichererbsen sind herzhaft und lassen sich sehr gut mit anderen würzigen, süßen und knusprigen Zutaten kombinieren. Du kannst diese Sandwiches auch in der Pfanne braten – dazu einfach die Außenseiten der Brotscheiben mit etwas veganer Butter bestreichen. Damit der Käse schmilzt, einen Deckel auf die Pfanne legen. Und wenn du gerade nur ein Sandwich machen willst, kannst du den restlichen Kichererbsensalat in den Kühlschrank stellen und innerhalb der folgenden vier Tage verbrauchen."   Lauren Toyota

ZUTATEN

- 1 Dose Kichererbsen (425 g), abgetropft und abgespült
- 1 Stange Staudensellerie, fein gehackt
- 2 Gewürzgurken, fein gehackt
- 1 rote Zwiebel, fein gehackt (Seite 11)
- 75 g vegane Mayonnaise
- 1 EL Zitronensaft (Seite 15)
- 1 EL fein gehackter Dill (Seite 10)
- 1 TL Grillgewürz
- ¼ TL Salz
- ¼ TL Pfeffer
- 8 Scheiben Roggenbrot
- 8 Scheiben veganer Cheddar

1. Schalte den Backofengrill ein.

2. Gib die Kichererbsen in eine **große Schüssel**. Zerdrücke sie mit einer **Gabel** oder einem **Kartoffelstampfer**, aber nicht zu fein. Ein paar Stückchen sollen noch zu erkennen sein.

3. Gib Sellerie, Gurken, Zwiebel, Mayonnaise, Zitronensaft, Dill, Gewürzmischung, Salz und Pfeffer hinzu. Rühre alles mit einem **Löffel** gut um.

4. Lege die Brotscheiben nebeneinander auf ein **Backblech**. Belege vier Scheiben mit der Kichererbsenmischung und lege auf jede zwei Scheiben Cheddar. Die restlichen Brotscheiben bleiben leer.

5. Schiebe das Backblech in den Backofen und grille die Brote 5 Minuten, bis der Käse geschmolzen ist und die leeren Brotscheiben hellbraun werden. Schau dabei zu und pass auf, dass das Brot nicht zu dunkel wird.

⚠ 6. Zieh **Ofenhandschuhe** an und nimm das Blech aus dem Ofen. Stelle es auf dem Herd oder auf einem **Kuchengitter** ab. Lege die vier leeren Brotscheiben vorsichtig auf die belegten Brote. Wenn der Hunger nicht so groß ist, kannst du die leeren Brotscheiben auch weglassen. Die Sandwiches schmecken am besten warm. Frische Gemüsesticks passen gut dazu.

KLEINER HUNGER

Quesadilla mit Schinken & Käse

FÜR 1 QUESADILLA

Wenn du die Tortilla zweimal faltest, kannst du sie leichter mit deinen Lieblingszutaten belegen, ohne dass beim Essen etwas herausfällt. Das Rezept orientiert sich lose an einem Cubano, einem Sandwich, das in den USA zuerst in kubanischen Cafés in Florida serviert wurde.

ZUTATEN
- 1 Weizentortilla (23 cm)
- 2 TL Senf
- 2 Scheiben Kochschinken
- 2–3 Scheiben Gewürzgurke
- 1 Scheibe Emmentaler
- 1 TL Pflanzenöl

1 Schneide die Tortilla ein und verteile Senf, Schinken, Gurken und Käse darauf. Wie es gemacht wird, siehst du auf Foto 1 und 2 auf Seite 34. Dann musst du die Quesadilla falten. Schau dir dafür Foto 3 und 4 auf Seite 35 an.

2 Gib das Öl in eine **Pfanne (25 cm)**. Stelle sie bei mittlerer Hitze auf den Herd, bis das Öl heiß ist, aber nicht raucht (Seite 17). Das dauert etwa 2 Minuten.

3 Schalte auf mittlere bis schwache Hitze herunter und lege deine Quesadilla vorsichtig mit einem **Pfannenwender** in die Pfanne. Brate sie 3–4 Minuten, bis sie auf einer Seite braun ist. Hebe einfach eine Ecke mit dem Pfannenwender an, um dir die Unterseite anzusehen.

!! 4 Dann musst du die Quesadilla mit dem Pfannenwender umdrehen und die andere Seite noch 1–2 Minuten braten, bis auch sie braun ist. Schalte den Herd ab.

5 Lege die Quesadilla vorsichtig auf einen **Teller** und iss sie warm.

📣 Fun Food Fact

Traditionelle Quesadilla wird mit Oaxaca-Käse gemacht, der aus dem Süden Mexikos stammt. Einige Historiker sagen, dass dieser Käse von einem vierzehnjährigen Mädchen namens Leobarda Castellanos García erfunden wurde. Leobarda sollte Käse für ihre Familie machen und dabei aufpassen, dass die Milch so lange stockt, also fest wird, bis sie die perfekte Konsistenz hat. Aber sie hat versehentlich zu lange gewartet und der Käse wurde krümelig und trocken. Konnte sie ihn retten? Schnell hat sie den Käse mit heißem Wasser gemischt, und so ist der faserige, elastische Oaxaca-Käse entstanden.

DIE QUESADILLA BELEGEN UND FALTEN

1

Lege die Tortilla auf ein Schneidebrett. Schneide sie mit einem Küchenmesser oder Pizzarad von der Mitte bis zum Rand ein.

2

Streiche mit einem Tafelmesser den Senf auf das Viertel der Tortilla, das rechts neben dem Schnitt liegt. Weiter geht es entgegen dem Uhrzeigersinn. Belege das nächste Viertel mit Kochschinken, das folgende mit Gurkenscheiben und das letzte mit dem Käse.

4

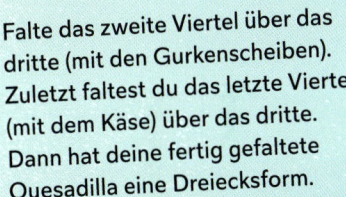

Falte das zweite Viertel über das dritte (mit den Gurkenscheiben). Zuletzt faltest du das letzte Viertel (mit dem Käse) über das dritte. Dann hat deine fertig gefaltete Quesadilla eine Dreiecksform.

3

Falte jetzt das erste Viertel (mit dem Senf) über das zweite (mit dem Kochschinken). Das geht am besten mit den Händen.

KLEINER HUNGER

FÜR 2 PERSONEN

SUPERSCHNELLE CREMIGE TOMATENSUPPE

ZUTATEN

1 Dose Pizzatomaten (400 g)

120 ml Hühnerbrühe oder Gemüsebrühe

2 EL Sahne

1½ TL Zucker

¼ TL Knoblauchpulver

Salz und Pfeffer

Manche Sorten Pizzatomaten enthalten große Stücke. Wenn du das nicht so gern magst, kannst du die Suppe am Ende von Schritt 3 mit einer Kelle in einen **Standmixer** füllen. Schließe den Deckel fest und mixe ungefähr 30 Sekunden, bis die Suppe ganz cremig ist. Lass dir dabei ruhig von einem Erwachsenen helfen. Wenn du möchtest, kannst du die fertige Suppe noch mit gehacktem Basilikum, Goldfisch-Crackern, Croûtons oder einem Klecks Sauerrahm aufpeppen. Ihr habt nur große Dosen Tomaten im Haus? Dann nimm eine halbe Dose oder verdopple alle anderen Zutaten und lade noch zwei Freundinnen ein.

1 Gib Tomaten und Brühe in einen **mittelgroßen Topf** und rühre mit einem **Kochlöffel** gut um. Erwärme den Topf bei mittlerer Hitze, bis die Mischung köchelt (bis kleine Blasen an der Oberfläche auftauchen). Das dauert etwa 5 Minuten.

2 Schalte auf mittlere bis schwache Hitze herunter. Gib Sahne, Zucker, Knoblauchpulver, ¼ TL Salz und eine Prise Pfeffer dazu und rühre um. Lass alles 5 Minuten schwach kochen und rühre ab und zu.

3 Schalte den Herd ab. Schmecke deine Suppe mit Salz und Pfeffer ab (Seite 17).

4 Fülle die Suppe mit einer **Kelle** in zwei **Suppenteller**. (Reste kannst du in einer Gefrierbox 2 Tage im Kühlschrank aufbewahren.)

Fun Food Fact

Die Kochbuchautorin Eliza Leslie hat 1857 das erste Rezept für diese Art von Tomatensuppe veröffentlicht, aber andere Variationen dieser Suppe gab es bereits vorher, zum Beispiel spanische Gazpacho. Sie wird kalt serviert und wurde früher mit anderen Gemüsesorten zubereitet, bis Tomaten um 1500 aus Südamerika nach Europa gebracht wurden. Der osteuropäische Borschtsch, der aus der Zeit um 1500 stammt, wird normalerweise mit Roter Bete gemacht, kann aber auch Tomaten enthalten.

WIE SCHMECKT'S?

„Erst war ich nicht sicher, weil ich noch nie Algen gegessen habe. Aber es war echt lecker. Die japanische Gewürzmischung mochte ich besonders gern."
– Isabelle, 8 Jahre

MUSUBI MIT FRÜHSTÜCKSFLEISCH

FÜR 6 MUSUBI

Dieser hawaiianische Snack besteht aus einem Würfel Sushireis, auf dem eine Scheibe gebratenes Frühstücksfleisch liegt. Drumherum ist ein Stück Nori (getrockneter Seetang) gewickelt. Es ähnelt japanischen Onigiri, das sind mit verschiedenen Zutaten gefüllte Reisbällchen, die auch mit Nori umwickelt werden. Achte darauf, dass der Reis und das Frühstücksfleisch kalt sind, bevor du das Musubi zusammensetzt wie in Schritt 7 beschrieben. Es ist wichtig, dass du für dieses Rezept Sushireis verwendest – er ist leicht klebrig und behält deshalb seine Form. Mirin ist ein japanischer Reiswein, den du in der Asia-Abteilung deines Supermarkts bekommst. Dort findest du auch Furikake, eine Gewürzmischung.

ZUTATEN

2 EL Sojasoße

1 EL Zucker

1 EL Mirin (wenn du magst)

1 Dose Frühstücksfleisch (350 g)

1 Rezeptmenge gekochter Sushireis (Seite 110)

¾ TL Furikake (wenn du magst)

2 Blätter Nori

1 Gib Sojasoße, Zucker und Mirin (wenn du magst) in eine **kleine Schüssel**. Rühre mit einem **Löffel** gut um.

2 Schneide das Frühstücksfleisch mit einem **Küchenmesser** der Länge nach in sechs gleiche Scheiben. Schneide jedes Nori-Blatt mit einer **Küchenschere** der Länge nach in drei gleiche Streifen.

3 Lege das Frühstücksfleisch in eine **beschichtete Pfanne (30 cm)**. Streiche mit einem **Backpinsel** die Sojasoßenmischung auf die Scheiben. Drehe die Scheiben mit einem **Pfannenwender** um und bestreiche auch die andere Seite.

4 Stelle die Pfanne bei mittlerer Hitze auf den Herd und brate das Frühstücksfleisch 5–6 Minuten, bis eine Seite schön braun ist. Hebe es mit dem Pfannenwender an, um die Unterseite zu prüfen.

5 Drehe die Scheiben mit dem Pfannenwender um und brate die andere Seite noch 1–2 Minuten, bis auch sie schön braun ist. Schalte den Herd ab.

6 Lege das Frühstücksfleisch mit dem Pfannenwender auf einen **Teller** und lass es etwa 15 Minuten abkühlen, bis es noch lauwarm ist.

7 Setze die Musubi so zusammen, wie es auf den Fotos auf Seite 40 und 41 zu sehen ist. Dann könnt ihr sie essen. (Du kannst sie auch einzeln in Frischhaltefolie wickeln und bis zu 3 Tage im Kühlschrank aufbewahren.)

Food Storys

Nach dem Zweiten Weltkrieg wurden auf Hawaii verschiedene Versionen von Reis mit Frühstücksfleisch gegessen, aber die Erfindung von Musubi, wie wir es heute kennen, wird zwei Frauen zugeschrieben. In den 1980ern machte Mitsuko Kaneshiro den Snack für ihre Kinder und verkaufte schon bald darauf täglich mehr als 500 Stück in ihrem Shop in Honolulu. Zur gleichen Zeit servierte Barbara Funamura das Gericht in ihrem Restaurant auf der Insel Kaua'i.

MUSUBI ZUSAMMENBAUEN

1

Lege ein 30 × 25 cm großes Stück **Frischhaltefolie** auf die Arbeitsfläche. Gib eine Portion Reis in die Mitte der Frischhaltefolie. Forme daraus ein Rechteck, das etwas größer ist als eine Scheibe gebratenes Frühstücksfleisch.

2

Wenn du Furikake magst, streue davon ½ TL gleichmäßig auf den Reis.

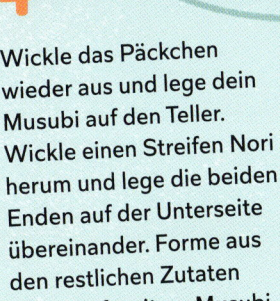

4

Wickle das Päckchen wieder aus und lege dein Musubi auf den Teller. Wickle einen Streifen Nori herum und lege die beiden Enden auf der Unterseite übereinander. Forme aus den restlichen Zutaten noch fünf weitere Musubi.

3

Lege eine Scheibe Frühstücksfleisch auf den Reis. Wickle alles in die Frischhaltefolie und drehe die Enden der Folie fest zusammen. Drücke danach den Reis mit den Händen so zurecht, dass er die gleiche Form wie das Frühstücksfleisch hat.

KLEINER HUNGER

ICH BIN ALI SLAGLE

Alis erste Erinnerung ans Kochen ist, wie sie mit einem Teigschaber Reis aus dem Reiskocher herauskratzt – zu Hause bei ihrer Mom hängt davon sogar ein Foto.

Heutzutage kocht Ali Gerichte, die sie als „lecker, liebevoll und leicht umsetzbar" beschreibt. Sie entwickelt Rezepte für die Zeitungen *New York Times* und *Washington Post* und arbeitet als Foodstylistin und Herausgeberin von Kochbüchern. Sie hat sogar selbst ein Kochbuch geschrieben. Ihre einfachen Rezepte sind schnell und leicht umsetzbar, auch wenn man wenig Zeit hat – und sie sind superlecker.

Was sie als junge Köchin gerne gewusst hätte? „Dass so vieles schiefgeht – selbst, wenn man eine erfahrene Köchin ist."

FOCACCIA-SANDWICH MIT TOMATE & MOZZARELLA

FÜR 6 SANDWICHES

ZUTATEN

450 g Pizzateig aus dem Kühlregal

3 EL natives Olivenöl extra, plus mehr zum Beträufeln

Meersalzflocken

2 mittelgroße reife Tomaten

450 g Mozzarella

1 Bund Rucola

12 frische Basilikumblätter

„Wenn die anderen Kinder in der Schule ein Schinken-Käse-Sandwich oder Brot mit Erdnussbutter und Marmelade aßen, packte ich Focaccia mit Tomate und Mozzarella aus, die meine Mom mir als Pausenbrot gemacht hatte. Mit den dünnen, saftigen Tomatenscheiben, dem Mozzarella, frischen Rucolablättern und Basilikum ist es bis heute eines meiner Lieblings-Sandwiches. Dieses Rezept geht noch einen Schritt weiter, denn wir backen sogar die Focaccia selbst (aus Pizzateig!). Die Focaccia ist knusprig und luftig, aber etwas dünner als üblicherweise, damit das Sandwich das ideale Verhältnis zwischen Brot und Belag hat. Falls du keine Lust hast, die Foccacia selbst zu backen, nimm einfach fertige aus dem Supermarkt, so wie meine Mom es für mich gemacht hat."
Ali Slagle

1. Nimm 2 Stunden vor dem Essen den Pizzateig aus dem Kühlschrank, damit er sich auf Zimmertemperatur erwärmen kann. Er darf sich überhaupt nicht mehr kalt anfühlen.

2. Schiebe einen Rost in den Ofen. Heize den Backofen auf 230 °C. Gieße das Olivenöl in eine **Backform (23 × 33 cm)**. Lege den Teig hinein und wende ihn in dem Olivenöl. Drücke ihn dabei nicht zu fest, sonst wird das Brot hart. Ziehe den Teig mit den Händen, bis er das Blech ausfüllt. Wenn er sich wieder zusammenzieht, ist er noch zu kalt. Warte etwas und probiere es noch einmal.

3. Klopfe mit den Fingern auf den Teig, als ob du Klavier spielst. Nimm dann so viel Meersalzflocken, wie du mit fünf Fingern fassen kannst, und streue sie über den Teig.

‼ 4. Schiebe die Backform in den Ofen und backe den Teig 15–20 Minuten, bis er oben und unten goldbraun ist. Ziehe **Ofenhandschuhe** an, nimm die Form aus dem Ofen und stelle sie auf dem Herd ab. Hebe die Focaccia mit einem **Pfannenwender** an und lege sie auf ein **Kuchengitter**.

WEITER GEHT'S

KLEINER HUNGER

FOCACCIA-SANDWICH MIT TOMATE & MOZZARELLA
FORTSETZUNG

5 Während der Teig im Ofen ist, schneide Tomaten und Mozzarella auf einem Schneidebrett in 5 mm dünne Scheiben (es kommt nicht so genau darauf an). Lege die Tomatenscheiben nebeneinander und bestreue sie mit Meersalzflocken. Du wirst sehen, dass sie dabei eine Menge Flüssigkeit abgeben. Das Salz zieht Wasser aus den Tomaten und danach schmecken sie viel besser.

‼ 6 Wenn die Focaccia etwas abgekühlt ist, schneide sie mit einem Brotmesser in sechs Stücke: Halbiere sie dafür zuerst der Länge nach und schneide dann jede Hälfte in drei gleiche Stücke. Schneide jedes Stück auf, wie ein Brötchen.

7 Klappe die Stücke auf und belege die Unterteile mit Tomaten, Mozzarella, Rucola und Basilikumblättern. Bestreue alles mit Meersalzflocken und träufele etwas Olivenöl darüber. Dann musst du nur noch die Oberteile darauflegen und deine Sandwiches servieren.

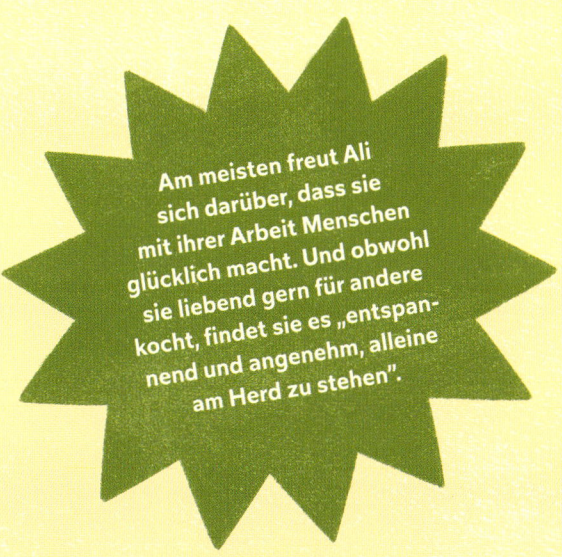

Am meisten freut Ali sich darüber, dass sie mit ihrer Arbeit Menschen glücklich macht. Und obwohl sie liebend gern für andere kocht, findet sie es „entspannend und angenehm, alleine am Herd zu stehen".

KLEINER HUNGER

APFEL-KÄSE-SANDWICH

FÜR 1 SANDWICH

ZUTATEN

1 EL weiche Butter (Seite 17)

2 Scheiben Sandwichbrot

2 Scheiben Käse oder 50 g geraspelter Käse (Seite 16)

3–4 Apfelscheiben

Für dieses Sandwich kannst du jeden Käse verwenden, der gut schmilzt, wie Cheddar, Mozzarella, Emmentaler oder Gouda. Wenn deine Brotscheiben etwas größer sind, brauchst du vielleicht drei Scheiben Käse anstatt zwei (1½ Scheiben pro Seite, um das Brot abzudecken). Falls du zwei Sandwiches auf einmal machen willst, verdopple die Menge aller Zutaten und brate beide Sandwiches gleichzeitig in einer großen beschichteten Pfanne. Wer ein einfaches Käsesandwich möchte, kann die Äpfel weglassen.

1 Streiche mit einem Tafelmesser die Hälfte der Butter auf eine der Brotscheiben. Lege das Brot mit der Butterseite nach unten in eine beschichtete Pfanne.

2 Lege auf das Brot eine Scheibe Käse (oder die Hälfte des geraspelten Käses). Lege die Apfelscheiben auf den Käse. Auf die Äpfel legst (oder streust) du dann den restlichen Käse.

3 Lege die andere Scheibe Brot darauf und drücke alles mit den Händen fest zusammen. Bestreiche die obere Brotscheibe mit der restlichen Butter.

4 Stelle die Pfanne bei mittlerer bis schwacher Hitze auf den Herd. Lege einen Deckel auf die Pfanne und brate dein Sandwich 5–9 Minuten, bis das untere Brot goldbraun ist. (Zum Nachschauen: Deckel mit einem Topflappen abnehmen, einen Pfannenwender unter das Sandwich schieben und etwas anheben.) Wenn es fertig ist, hebe es mit dem Pfannenwender an und wende es. Drücke das Sandwich mit dem Pfannenwender noch einmal zusammen. Lege den Deckel wieder auf und brate es von der anderen Seite noch 1–2 Minuten.

5 Schalte den Herd ab. Nimm den Deckel mit einem Topflappen ab und hebe das Sandwich mit dem Pfannenwender auf ein Schneidebrett. Lass das Sandwich 2 Minuten abkühlen. Dann kannst du es mit einem Küchenmesser in Hälften schneiden und gleich warm servieren.

LUST AUF ABWECHSLUNG?

Kimchi & Käse

Kennst du Kimchi? Es wird aus Chinakohl gemacht und schmeckt würzig und ein bisschen scharf. Du bekommst es im asiatischen Supermarkt oder im Bioladen. Nimm anstelle der Äpfel 40 g Kimchi. Lass es in einem Sieb über der Spüle abtropfen, trockne es mit Küchenpapier und schneide es mit einem Küchenmesser in kleine Stücke. Dann kannst du das Kimchi in Schritt 2 auf das Sandwich legen.

Schinken, Tomate & Käse

Lass die Äpfel weg und belege das Sandwich in Schritt 2 mit zwei Scheiben Schinken und ein bis zwei Tomatenscheiben.

Fun Food Fact

Jacinda Ardern war früher Premierministerin von Neuseeland und kennt sich mit Äpfeln richtig gut aus. Sie wuchs auf einem Apfelhof auf und fuhr schon mit dem Traktor durch die Plantagen, bevor sie Auto fahren konnte.

WIE SCHMECKT'S?
„Richtig klasse. Zwiebel und Koriander mag ich gern!"
– Isabelle, 8 Jahre

GUACAMOLE FÜR ZWEI

FÜR 2 PERSONEN

In diesem Rezept nutzt du die Avocadoschale als Schüssel für deine Guacamole. Auf diese Art kannst du schnell und einfach eine Portion Guacamole für zwei Personen machen, es sieht toll aus (und du hast weniger Abwasch!). Anstelle der frischen Jalapeño kannst du auch 1½ TL eingelegte Jalapeño verwenden.

ZUTATEN

1 reife Avocado, halbiert, Kern entfernt (Seite 14)

Saft von ½ kleinen Limette (Seite 15)

1 EL fein gehackte Zwiebel (Seite 11, wenn du magst)

2 TL gehacktes Koriandergrün (Seite 10, wenn du magst)

½ kleine Jalapeño-Chili, fein gehackt (Seite 12, wenn du magst)

Salz

Tortilla-Chips zum Servieren

1 Lege die Avocadohälften mit der Schale nach unten und schneide mit einem Tafelmesser Linien in das Fruchtfleisch (aber nicht in die Schale!): drei der Länge nach, dann vier Schnitte quer. Die Schnitte bilden ein Gitter.

2 Zerdrücke das Fruchtfleisch mit einer Gabel in der Schale, aber stich keine Löcher hinein. Die Schale ist ja deine Servierschüssel. Schabe das Fruchtfleisch mit einem Löffel gründlich von der Schale.

3 Gieße in jede Avocadoschale die Hälfte des Limettensafts. Verteile dann Zwiebel, Koriander und Jalapeño (wenn du möchtest) gleichmäßig auf die Schalen. Verrühre alles noch einmal sorgfältig – aber vorsichtig. Dann kannst du deine Guacamole in der Avocadoschale mit Tortilla-Chips servieren.

Food Storys

Guacamole wurde vermutlich von den Azteken erfunden. Sie lebten vor mehreren Tausend Jahren im heutigen Mexiko. Damals durften Frauen die Avocados nicht einmal bei der Ernte berühren, vermuten Historiker. Glücklicherweise ist das heute anders und unzählige Köchinnen haben diesem cremigen Dip ihre eigene Note hinzugefügt. Die Köchin, Autorin und Fernsehmoderatorin Marcela Valladolid ergänzt ihre Guacamole mit Mango, während die Restaurantbesitzerin Martha Ortiz ihre Version mit Granatapfelkernen garniert.

HUMMUS

FÜR 2 PERSONEN

ZUTATEN

1 Dose Kichererbsen (425 g), abgetropft und abgespült

1 Knoblauchzehe, geschält und grob gehackt (Seite 13)

3 EL Tahin

1 EL Zitronensaft (Seite 15)

¼ TL gemahlener Kreuzkümmel

4 EL natives Olivenöl extra

2 EL Wasser

Salz und Pfeffer

Pita-Chips, Cracker oder Gemüsestifte zum Servieren

Tahin ist eine Paste, die aus Sesam hergestellt wird. Du findest sie im Supermarkt. Den Hummus kannst du pur essen oder mit Toppings aufpeppen. Auf der nächsten Seite findest du ein Topping mit roter Paprika, der Hummus schmeckt aber auch gut mit Za'atar (einer Gewürzmischung aus dem Nahen Osten), Paprikapulver oder gehackten Kräutern bestreut oder mit einem Klecks Pesto.

1 Schütte die Kichererbsen in eine **Küchenmaschine**. Gib Knoblauch, Tahin, Zitronensaft und Kreuzkümmel dazu.

2 Schließe den Deckel fest und hacke alles in der Küchenmaschine ganz klein. Schalte sie dafür 10–15-mal für etwa 1 Sekunde ein.

3 Halte die Küchenmaschine an und nimm den Deckel ab. Schabe die Masse von der Wand des Bechers ab. Das geht am besten mit einem **Teigschaber**.

4 Gieße das Olivenöl in die Küchenmaschine und schließe den Deckel wieder fest. Mixe alles noch einmal 30 Sekunden. Schabe die Masse wieder von der Wand des Bechers.

5 Gib das Wasser dazu und verschließe die Küchenmaschine wieder. Püriere die Mischung noch 30 Sekunden, bis sie ganz cremig ist. Schalte die Küchenmaschine aus.

!! 6 Jetzt kannst du vorsichtig den Messereinsatz aus der Küchenmaschine nehmen und den Hummus in eine **kleine Schüssel** füllen. Schmecke ihn mit Salz und Pfeffer ab (Seite 17). Serviere ihn mit Pita-Chips, Crackern oder Gemüse zum Dippen. Du kannst ihn in einer Gefrierbox im Kühlschrank 5 Tage aufbewahren.

Food Storys

Im Nahen Osten gibt es viele Hummus-Restaurants, aber sie werden selten von Frauen geführt. Arin Abu-Hamid Kurdi ist eine der wenigen Köchinnen in Israel, die ein Hummus-Lokal leitet. Eine ihrer Spezialitäten ist Hummus mit Baharat, einer Gewürzmischung mit Zimt.

TOPPING MIT ROTER PAPRIKA

!! Nachdem du den Hummus in eine kleine Schüssel gefüllt hast, setzt du den Messereinsatz wieder in die Küchenmaschine – spülen ist nicht nötig. Gib dann in die Küchenmaschine: ½ grob gewürfelte Paprika, 1 kleine Knoblauchzehe, 2 EL frische Petersilie, 2 EL natives Olivenöl extra und 1 EL Walnusskerne. Verschließe den Deckel sorgfältig und mixe etwa 10-mal für 1 Sekunde, bis der Inhalt fein gehackt ist. Nimm vorsichtig den Messereinsatz aus der Küchenmaschine. Das Topping mit Salz und Pfeffer abschmecken, dann auf den Hummus geben und servieren.

PIZZA-POPCORN

FÜR 2–3 PERSONEN

ZUTATEN

1 EL Pflanzenöl

200 g Popcornmais

2 EL geschmolzene Butter (Seite 17)

1 TL Tomatenmark

½ TL getrocknete italienische Kräuter

¼ TL Salz, plus mehr zum Bestreuen

50 g Parmesan, gerieben (Seite 16)

Stell dir Popcorn wie eine leere Leinwand für Geschmack vor: Du kannst die Topping-Ideen aus diesem Rezept nutzen oder du plünderst das Gewürzregal, den Kühlschrank und die Vorratskammer. Wenn du es einfach magst, toppe dein Popcorn nur mit 2 EL geschmolzener Butter und einer Prise Salz. Du kannst die Mengen im Rezept verdoppeln, falls du eine große Schüssel Popcorn zum Teilen machen willst. Wenn du keine italienischen Kräuter hast, nimm stattdessen ¼ TL getrockneten Oregano und ¼ TL getrocknetes Basilikum (oder ½ TL von einer Sorte).

1 Gib das Öl und drei Maiskörner in einen **großen Topf**. Die drei Maiskörner verraten dir, wann das Öl heiß genug ist, um den Rest knallen zu lassen. Lege den Deckel so auf den Topf, dass ein kleiner Spalt offen bleibt.

2 Erhitze den Topf auf dem Herd bei mittlerer bis starker Hitze. Nach 1–3 Minuten werden die Maiskörner platzen. Höre genau hin, aber halte etwas Abstand zum Topf, weil das Öl spritzen kann. Schalte den Herd ab und nimm den Topf vom Herd.

3 Nimm einen **Topflappen** und hebe den Deckel ab. Schütte den restlichen Mais in den Topf. Lege den Deckel wieder darauf und warte 30 Sekunden.

4 Stelle den Topf wieder bei mittlerer Hitze auf den Herd. Verschiebe den Deckel, sodass wieder ein kleiner Spalt offen ist. Nimm dafür einen Topflappen, weil aus dem Topf heißer Dampf kommen kann. Nach 1–3 Minuten fangen die Maiskörner an zu platzen.

5 Lass den Topf noch 1–2 Minuten auf dem Herd, bis die Pausen zwischen den Knallgeräuschen länger werden (etwa 2 Sekunden). Schalte den Herd ab und nimm den Topf vom Herd.

6 Öffne den Deckel vorsichtig, nimm dafür einen Topflappen. Drehe das Gesicht weg, denn der Dampf ist heiß! Schütte das Popcorn in eine **große Schüssel**.

KLEINER HUNGER

PIZZA-POPCORN
FORTSETZUNG

7 Gib geschmolzene Butter, Tomatenmark, Kräuter und ¼ TL Salz in eine **kleine Schüssel** und rühre mit einem **Schneebesen** gut um. Träufele die Mischung über das Popcorn und mische alles mit einem **Teigschaber**, bis das Popcorn gleichmäßig mit der Mischung bedeckt ist. Streue den Parmesan darüber und mische noch einmal. Wenn du möchtest, kannst du auch noch etwas Salz darüberstreuen, aber probiere das Popcorn vorher lieber. Dann darf geknabbert werden.

GEWÜRZGURKEN-POPCORN

Lass Tomatenmark, italienische Kräuter und Parmesan weg. Verrühre stattdessen 1 TL Weißweinessig, 1 TL getrockneten Dill und ½ TL Knoblauchpulver mit der geschmolzenen Butter und dem Salz.

Fun Food Fact

Im Zweiten Weltkrieg haben US-amerikanische Agentinnen wie Virginia Hall gefährliche Missionen unternommen, um ihren Truppen zu helfen. Als sie wieder zu Hause waren, wurden die Truppen auf weniger gefährliche Weise unterstützt – indem ihre Essgewohnheiten verändert wurden. Die Regierung hatte Zucker rationiert, um ihn den Truppen in Übersee zu schicken. Wegen dieser Rationierung und der Beliebtheit von Kinos zu der Zeit haben Amerikaner während des zweiten Weltkrieges drei Mal mehr Popcorn (ein eigentlich salziger Snack) gegessen als sonst.

SCHARF-SÜSSE KNABBERMISCHUNG

FÜR 6 PERSONEN

Diese Knabbermischung kannst du ganz nach deinem Geschmack zusammenstellen! Anstelle von Brotchips, Mini-Salzbrezeln und gerösteten Erdnüssen kannst du andere knusprige kleine Sachen verwenden wie zum Beispiel Popcorn, zerbrochene Pita-Chips oder Tortilla-Chips, Cracker oder gesalzene Nüsse. Verwende eine scharf-säuerliche Soße – keine superscharfe Soße wie Tabasco.

1 Schiebe einen Rost in die Mitte des Backofens. Heize den **Ofen** auf 120 °C vor. Fette ein **Backblech (23 × 33 cm)** mit etwas Butter oder Öl ein.

2 Mische Cerealien, Brotchips, Brezeln und Nüsse in einer **großen Schüssel**. Das geht am besten mit einem **Teigschaber**.

3 Gib geschmolzene Butter, Honig, scharfe Soße, Zucker und Salz in eine **kleine Schüssel** und rühre mit einem **Schneebesen** gut um. Träufele diese Mischung über die trockenen Zutaten und rühre noch einmal mit dem Teigschaber, bis alles gut überzogen ist.

4 Schütte die Mischung auf das Backblech und verteile sie gleichmäßig mit dem Teigschaber.

5 Schiebe das Backblech in den Ofen und backe alles, bis die Mischung goldbraun ist. Das dauert etwa 45 Minuten.

!! 6 Ziehe **Ofenhandschuhe** an und nimm das Backblech aus dem Ofen. Stelle es auf dem Herd oder auf einem **Kuchengitter** ab. Rühre noch einmal mit dem Teigschaber um und schabe dabei auch die Soße vom Blech ab. Vorsicht, das Backblech ist heiß! Lass alles 20 Minuten abkühlen. Dann kannst du servieren. Wenn die Knabbermischung ganz kalt ist, kannst du sie auch in einen luftdichten Behälter umfüllen und bei Zimmertemperatur 1 Woche aufbewahren.

ZUTATEN

Butter oder Öl für die Form

75 g ungesüßte Frühstückscerealien aus Mais, Reis oder Weizen

75 g Brotchips

75 g Mini-Salzbrezeln

110 g geröstete Erdnüsse mit Honig

4 EL geschmolzene Butter (Seite 17)

2 EL Honig

1–2 EL scharfe Soße (siehe Einleitung)

2 TL Zucker

½ TL Salz

FURIKAKE-KNABBERMISCHUNG

Furikake ist eine sehr würzige japanische Mischung aus getrockneten Algen, Sesam und getrockneten Thunfischflocken. Man kann sie in asiatischen Supermärkten kaufen.

Gib statt der scharfen Soße 2 EL Sojasoße zur Buttermischung und lass das Salz weg. Beträufele am Ende von Schritt 3 deine Knabbermischung mit 2 EL Furikake und rühre noch einmal gut um.

📢 Fun Food Fact

Als Kind wurde Mikaila Ulmer von einer Biene gestochen. Danach wollte sie mehr über die Tiere wissen, und dabei hat sie entdeckt, wie wichtig sie für die Umwelt sind. Jetzt süßt die junge Unternehmerin ihre selbst gemachte Limonade mit Honig, und ein Teil ihrer Erlöse geht an Projekte für Bienen auf der ganzen Welt. Sie hat schon mehr als zwei Millionen Flaschen verkauft!

Mini-Pfannkuchen

FÜR 12 MINI-PFANNKUCHEN

Diese Pfannkuchen sind fluffig, leicht, außen knusprig und innen sahnig-cremig. Weil sie in einer Muffinform anstelle einer Pfanne gebacken werden, bekommst du viele kleine Happen. In den meisten Rezepten wird die Form erhitzt, bevor der Teig hineinkommt, was etwas kniffelig und gefährlich sein kann. Es ist einfacher und sicherer, den Teig in eine kalte Muffinform zu füllen und danach in den kalten Backofen zu stellen. Deine Mini-Pfannkuchen kannst du zum Schluss mit Puderzucker bestreuen und einen Klecks Marmelade hineingeben, einen Löffel Erdbeersoße (Seite 153), Früchte oder Zitronensaft und eine Prise Zucker.

ZUTATEN

Butter oder Öl für die Form

240 ml Milch

3 große Eier

120 g Mehl

3 EL Zucker

1 TL Vanillezucker

¼ TL Salz

1 Prise gemahlene Muskatnuss (wenn du magst)

1 Schiebe einen Rost in die Mitte des Ofens, aber schalte den Ofen noch nicht ein. Fette die Förmchen eines **12er-Muffinblechs** mit Butter oder Öl ein.

2 Gib Milch, Eier, Mehl, Zucker, Vanillezucker, Salz und Muskatnuss (wenn du möchtest) in einen **Standmixer** (Milch und Eier zuerst, das ist wichtig). Verschließe den Deckel fest und mixe alles 1 Minute. Halte den Mixer an.

3 Verteile den Teig gleichmäßig in die Muffinförmchen. Jede Form soll etwa zu zwei Dritteln gefüllt sein.

4 Schiebe das Muffinblech in den kalten **Backofen**. Stelle ihn auf 220 °C und stelle einen Timer. Backe die Pfannkuchen 20–24 Minuten, bis sie aufgegangen und oben goldbraun sind.

!! 5 Ziehe **Ofenhandschuhe** an. Nimm das Blech aus dem Ofen und stelle es auf dem Herd oder auf einem **Kuchengitter** ab. Lass die Pfannkuchen 5 Minuten abkühlen Dabei fallen sie zusammen, aber das muss so sein. Sie werden dann zu Schälchen, in die du etwas Leckeres füllen kannst.

6 Löse die Ränder der Pfannkuchen mit einem **Tafelmesser** und nimm sie aus der Form. Vorsicht, das Blech ist noch heiß! Serviere die Pfannkuchen sofort mit leckeren Füllungen (siehe Einleitung).

Du magst kleine Versionen von großen Gerichten? Moderatorin und Model Angelina Kirsch präsentiert die beliebte Kochshow *The Taste*. Die Teilnehmenden richten hier ihr Gericht auf einem kleinen Probierlöffel an, das sieht toll aus.

KLEINER HUNGER

FÜR 8 STÜCK

ARME RITTER

ZUTATEN

8 Scheiben Sandwichbrot
4 große Eier
3 EL Zucker
1 TL Vanillezucker
2 Prisen Lebkuchengewürz
1 Prise Salz
320 ml Milch
4 TL Butter

Dieses Rezept kannst du gerne abwandeln: Wenn du willst, kannst du anstelle von Sandwichbrot auch Weißbrot oder Brioche nehmen. Wenn die Scheiben dicker sind, musst du in Schritt 2 die Backzeit auf 15 Minuten verlängern und die Einweichzeit in Schritt 5 auf 30 Sekunden. Achte darauf, dass das Brot sich ganz mit der Eiermischung vollsaugt. Nimm kein Brot mit harter Kruste (zum Beispiel Sauerteigbrot) – ein weiches, fluffiges Brot eignet sich am besten. Lebkuchengewürz enthält Zimt und andere Gewürze wie Muskatnuss, Ingwer, Piment und/oder Nelken und schmeckt deshalb super in diesem Rezept. Falls du keins zur Hand hast, ersetze es einfach durch eine Prise Zimt und eine Prise Muskatnuss.

Die Armen Ritter schmecken mit Puderzucker und Ahornsirup oder einem Klecks Erdbeersoße (Seite 153).

1 Heize den **Backofen** auf 100 °C vor.

2 Lege die Brotscheiben nebeneinander auf einen **Backofenrost**. Wenn der Ofen heiß ist, schiebe den Rost in den Ofen und backe das Brot etwa 10 Minuten, bis die Oberfläche trocken ist.

3 Gib in der Zwischenzeit Eier, Zucker, Vanillezucker, Gewürz und Salz in einen **Suppenteller** und rühre mit einem Schneebesen gut um, bis alles vermischt ist. Gib die Milch dazu und rühre noch einmal.

!! 4 Ziehe **Ofenhandschuhe** an. Nimm den Ofenrost aus dem Backofen und stelle ihn auf dem Herd oder auf einem Kuchengitter ab. Den Backofen nicht ausschalten. Lass die Brotscheiben etwas abkühlen. Lege sie dann auf ein **Backblech**. Schiebe ein zweites **Backblech** in den Ofen. Darauf werden deine Armen Ritter später warm gehalten.

5 Lege eine abgekühlte Brotscheibe in die Eiermischung und tauche sie 15 Sekunden unter. Drehe sie um und tauche sie noch einmal 15 Sekunden unter. Sie soll sich ganz mit der Eiermischung vollsaugen. Nimm das Brot heraus und lass die überflüssige Eiermischung wieder in den Teller tropfen. Lege das eingeweichte Brot wieder auf das Backblech. Weiche auch die anderen Brotscheiben in der Eiermischung ein. Wenn du damit fertig bist, musst du dir die Hände waschen.

6 Gib 1 TL Butter in eine **beschichtete Pfanne (30 cm)**. Stelle die Pfanne bei mittlerer Hitze auf den Herd, bis sie heiß ist und die Butter geschmolzen ist. Das dauert 2–3 Minuten.

WEITER GEHT'S

ARME RITTER
FORTSETZUNG

!! 7 Fasse den Pfannengriff mit einem **Topflappen** an und schwenke die Pfanne, damit sich die Butter gleichmäßig verteilt. Stelle die Pfanne wieder auf den Herd.

8 Lege mit einem **Pfannenwender** zwei eingeweichte Brotscheiben in die Pfanne. Brate sie 2–4 Minuten, bis die Unterseite goldbraun ist. Zum Nachsehen schiebst du den Pfannenwender darunter und hebst das Brot etwas an.

9 Wende die Brotscheiben mit dem Pfannenwender und brate die andere Seite auch 2–4 Minuten, bis sie ebenfalls goldbraun ist. Wenn deine Armen Ritter zu schnell braun werden, drehe die Hitze etwas herunter.

!! 10 Lege die Armen Ritter mit dem Pfannenwender auf das Blech im Backofen. Wiederhole Schritt 7–10 noch dreimal, bis alle Brote gebraten sind. Schalte danach den Herd ab.

!! 11 Ziehe **Ofenhandschuhe** an und nimm das Backblech aus dem Ofen. Stelle es auf dem Herd oder auf einem Kuchengitter ab. Die Armen Ritter schmecken am besten warm.

Fun Food Fact

Arme Ritter werden auch French Toast genannt und es gibt sie seit dem 5. Jahrhundert. Das erste Rezept kommt aber nicht aus Frankreich, sondern aus dem Römischen Reich! Vermutlich haben römische Rebellinnen wie Hortensia, die berühmte Rednerin, in einer Eiermischung getränkte, gebratene Brotscheiben genossen, die mit Honig gesüßt wurden.

BANANENKUCHEN MIT SCHOKOFÜLLUNG

FÜR 1 KASTENFORM

Sehr reife Bananen bekommen dunkle Flecken auf der Schale und ein weiches Fruchtfleisch. Der Kuchen wird in einer Kastenform gebacken und die Backzeit hängt davon ab, wie groß deine Form ist. In einer Form von etwa 22 × 11,5 cm wird dein Bananenkuchen ein bisschen länger brauchen – prüfe am Ende der Backzeit mit einem Holzstäbchen, ob er fertig ist. Ist deine Kastenform etwas größer (23 × 13 cm), dann wird dein Bananenkuchen schneller backen, du musst die Stäbchenprobe also etwas früher machen.

ZUTATEN

Butter oder Öl für die Form

3 sehr reife Bananen, geschält

75 g Zucker

1 TL Vanillezucker

2 große Eier

80 ml Pflanzenöl

60 ml Milch

240 g Mehl

1 TL Natron

½ TL Salz

160 g Nuss-Nougat-Creme

2 EL gehackte Haselnüsse (wenn du magst)

1 Schiebe einen Rost in die Mitte des Backofens und heize den Ofen auf 175 °C vor. Fette eine **Kastenform** innen mit Butter oder Öl ein.

2 Lege die Bananen in eine **große Schüssel**. Zerdrücke sie mit einem **Kartoffelstampfer** oder einer **Gabel**, aber lass ein paar Stückchen drin. Gib Zucker, Vanillezucker, Eier, Öl und Milch dazu und rühre alles mit einem **Schneebesen** gut um.

3 Gib Mehl, Natron und Salz dazu und rühre mit einem **Teigschaber**, bis alle Zutaten gut vermischt sind und kein trockenes Mehl mehr zu sehen ist. Rühre auch an Boden und Rand der Schüssel entlang, denn da versteckt sich oft Mehl.

4 Gib die Nuss-Nougat-Creme in eine **mittelgroße Mikrowellenschüssel**. Erwärme sie 15–30 Sekunden, bis sie flüssig ist. Du kannst die Schüssel schwenken, um das besser zu sehen.

5 Fülle mit einem **Messbecher** 125 ml des Bananenteigs in die Schüssel mit der Nuss-Nougat-Creme. Rühre gründlich um.

6 Gib jetzt die Hälfte des restlichen Bananenteigs in die eingefettete Form und streiche ihn mit dem Teigschaber glatt. Setze darauf mit einem **Löffel** Klekse aus Nougat-Bananen-Teig.

KLEINER HUNGER

WIE SCHMECKT'S?

„Es hat Spaß gemacht, mit den Essstäbchen Schnörkel durch den Teig zu ziehen."
– Marian, 9 Jahre

BANANENKUCHEN MIT SCHOKOFÜLLUNG
FORTSETZUNG

7 Fülle den restlichen Bananenteig darauf und streiche ihn wieder glatt. Darauf kleckst du mit einem Löffel den restlichen Nougat-Bananen-Teig. Fahre mit einem Tafelmesser oder Essstäbchen durch beide Teige, um Schnörkel zu ziehen. Dann kannst du noch die Haselnüsse darüberstreuen.

8 Schiebe den Kuchen in den Ofen und backe ihn 1 Stunde (in der größeren Form) oder 1 Stunde 15 Minuten (in der kleineren Form). Wenn du wissen willst, ob er fertig ist, stich mit einem Holzstäbchen in die Mitte des Kuchens. Beim Herausziehen darf kein nasser Teig daran kleben, höchstens ein paar weiche Krümel.

!! 9 Ziehe Ofenhandschuhe an. Nimm den Kuchen aus dem Ofen und stelle die Form auf ein Kuchengitter. Warte 15 Minuten.

10 Drehe die Form mit Ofenhandschuhen vorsichtig auf die Seite und lass den Kuchen herausrutschen. Vorsicht, Kuchen und Form sind noch heiß! Wenn der Kuchen festklebt, löse ihn mit einem Tafelmesser vorsichtig vom Rand der Form. Stelle den Kuchen aufrecht und lass ihn auf dem Kuchengitter noch mindestens 1 Stunde abkühlen. Er schmeckt lauwarm oder zimmerwarm gut.

Food Storys

Die hawaiianische Insel Maui ist bekannt für Bananenkuchen, die Früchte wachsen dort. Sandy Hueu verkauft ihren berühmten Bananenkuchen seit 1983, später begann ihre Tochter mitzuhelfen. Ihr Restaurant *Aunty Sandy's* liegt an einer langen Straße voller Foodstände und Restaurants und hat draußen ein riesiges Schild auf dem steht „Der Kuchen, für den du hergefahren bist".

KLEINER HUNGER

FÜR 2 BECHER

EXOTISCHER GRÜNER SMOOTHIE

ZUTATEN

50 g gehackter Grünkohl ohne Stiele

200 g gefrorene Ananasstücke

150 g gefrorene Mangostücke

240 ml fettarme Kokosmilch (siehe Einleitung)

Dieser Smoothie mit Ananas, Mango und Kokosmilch schmeckt wie ein Tag am Strand. Nimm dafür fettarme Kokosmilch aus der Dose, nicht den Kokosdrink im Karton. Statt der Kokosmilch kannst du auch Kokoswasser verwenden.

Gib alle Zutaten in einen **Standmixer**. Verschließe den Deckel sorgfältig. Mixe alles etwa 1 Minute lang. Schalte den Mixer ab und gieße den Smoothie in **Gläser**. Schon fertig!

KAROTTENSMOOTHIE

Auch das ist eine tolle Kombi:

1 geschälte Banane, 2 geschälte und gewürfelte Karotten (1 cm), 4 Eiswürfel, 180 ml Milch oder Pflanzendrink, 1 TL Vanillezucker und ½ TL gemahlenen Zimt mixen. Lecker!

Grüne Smoothies wurden von der Rohkostexpertin Victoria Boutenko erfunden. Sie war davon überzeugt, dass die Nährstoffe aus Blattgemüse am besten aufgenommen werden, wenn man sie trinkt. Es gab nur ein Problem: gehackter Grünkohl oder Spinat ohne alles schmeckt einfach furchtbar. Um das Problem zu lösen, hat sich Victoria von der Natur inspirieren lassen: In den Büchern der Affenforscherin Jane Goodall hatte sie gelesen, wie Schimpansen Früchte in Blätter einrollen und dann essen. Wenn es bei den Schimpansen funktionierte, dann auch bei Menschen! Victoria fügte ihrem gehackten Grünkohl ein paar Bananen hinzu und damit war der erfrischende grüne Smoothie geboren, den wir heute kennen.

71	Hähnchen-Bowl mit Gemüse
73	Roti-Pizza mit Pilzen und Käse **von Priya Krishna**
76	Hähnchenbrust aus dem Ofen Mit Zitrone und Pfeffer Mit Chili und Limette Mit Kräutern und Knoblauch Süß und rauchig
80	Picadillo (Hack mit Tomaten und Oliven)
82	Köfte
84	Fischstäbchen-Tacos mit Krautsalat
87	Lachsfrikadellen **von Asma Khan**
91	Nudeln mit Marcella Hazans Tomatensoße
94	Basilikum-Pesto
97	Chow mein mit Gemüse und Tofu **von Hetty Lui McKinnon**
101	Schnipp-Schnapp-Nudeln mit Kimchi
104	Omas Pizza
109	Südafrikanischer Erdnusstopf **von Portia Mbau**
110	Zwei Arten, Reis zu kochen Weißer Langkornreis, weißer Rundkornreis, Sushireis Brauner Langkorn- und Rundkornreis
112	Ofengemüse Brokkoli mit Zitrone Karotten mit Honig und Butter Kartoffeln mit Knoblauch
114	Fladenbrot aus der Pfanne Fladenbrot mit Kräutern Fladenbrot mit Za'atar
118	Gurkensalat mit Sesam

HÄHNCHEN-BOWL MIT GEMÜSE

FÜR 1 PERSON

Bowls sind eine lustige (und leckere!) Möglichkeit, in der Küche kreativ zu werden. Verwerte von einem anderen Gericht übrig gebliebenes Hähnchen und Reis, um diese bunte Bowl zu zaubern. Nimm, was du im Kühlschrank, Gefrierschrank, in der Vorratskammer oder im Garten findest, und kombiniere verschiedenes Gemüse und Toppings nach Lust und Laune.

1 Lege die Karotte auf ein Schneidebrett. Schneide sie mit einem Sparschäler der Länge nach in lange Bänder, bis nur noch ein flaches Stück übrig bleibt. Das kannst du gleich aufessen. Lege die Bänder zur Seite.

2 Fülle den Reis in eine mittelgroße Schüssel. Lege darauf Hähnchenfleisch, Karottenbänder, Gurke und Avocado.

3 Verrühre in einer kleinen Schale Tahin, Sojasoße, Mayonnaise und Essig mit ½ EL Wasser zu einem Dressing.

4 Träufle mit einem Löffel das Dressing über die Zutaten in der Schüssel. Bestreue alles mit Sesam. Lass es dir schmecken!

ZUTATEN

1 Karotte, geschält

1 Portion gekochter Reis (Seite 110)

1 gegartes Hähnchenbrustfilet (Seite 76), in Stücke geschnitten

1–2 Snack-Gurken, in Scheiben geschnitten

½ mittelgroße Avocado, in Scheiben geschnitten (Seite 14)

1 EL Tahin

½ EL Sojasoße

½ EL Mayonnaise

½ EL Essig

1 EL Sesam

TEX-MEX-SALAT-BOWL

Fülle statt Reis 1 klein geschnittenes Römersalatherz in die Schale. Gib darauf 125 g gebratenes Rinderhackfleisch, 3 EL gekochte Maiskörner und 3 EL gewürfelte Tomaten. Beträufle alles mit 2–3 EL Tomaten-Salsa und garniere es mit geriebenem Käse, gehacktem Koriandergrün oder Schnittlauch, ganz wie du magst.

REIS-BOWL MIT LACHS

Lege auf den Reis 125 g gebratenen, gewürfelten Lachs oder Tofu und 125 g gekochten Pak choi. In einer kleinen Schüssel verrührst du 4 EL Mayonnaise, ¼ TL Sriracha-Soße und 1 EL Zitronensaft (Seite 15) mit einem Löffel. Träufle die Sriracha-Mayo auf deine Bowl. Bestreue alles mit 1 EL Sesam und gehackter Frühlingszwiebel.

GROSSER HUNGER

Ich bin Priya Krishna

Als Priya sehr klein war, durfte sie immer auf der Kücheninsel sitzen, während ihre Mom indisch gekocht hat. Priya kann sich noch an den Geruch vom Kreuzkümmel erinnern, den ihre Mom in Ghee angeröstet hat. Ihre Klamotten und Bücher hatten oft gelbe Kurkumaflecken.

Inzwischen ist Priya Food-Journalistin bei der *New York Times* und Autorin mehrerer Kochbücher, ihr neuestes Buch ist ein Kochbuch für Kinder. Die Anregungen für ihre Rezepte kommen aus der ganzen Welt, besonders aber aus Indien, wo ihre Familie herstammt. Sie liebt es, Gerichte zuzubereiten, die eindrucksvoll – und aufwendig – aussehen, obwohl sie ganz schnell gehen.

Worauf sie besonders stolz ist? „Wir versuchen jeden Tag, in unserer Küche und mit unseren Gerichten alle Kulturen Amerikas einzubeziehen."

Priya dachte immer, als Linkshänderin wäre es für sie schwerer, kochen zu lernen. Aber das stimmt gar nicht! Sie meint: „Auch als Linkshänderin kommt man gut in der Küche zurecht".

ROTI-PIZZA MIT PILZEN UND KÄSE

FÜR 2 PERSONEN

„Immer, wenn meine Schwester und ich gebettelt haben, Pizza zum Abendessen bestellen zu dürfen, war dieses Rezept für meine Mom die Lösung. Roti, indisches Fladenbrot, ist der perfekte Ersatz für Pizzateig, weil es knusprig ist und nicht vom Belag durchweicht. Die Variation mit Pilzen und Käse ist toll, aber du kannst das Rezept auch gerne anpassen. Rotis bekommst du in indischen oder asiatischen Läden oder in einem gut sortierten Supermarkt. Falls du keine findest, nimm stattdessen Vollkorn-Tortillas oder anderes rundes Brot." Priya Krishna

1 Heize den Backofen auf 200 °C vor.

2 Gieße das Olivenöl in eine **große Pfanne**. Erhitze die Pfanne auf dem Herd bei mittlerer Hitze 1 Minute, bis das Öl heiß ist, aber nicht raucht (Seite 17). Gib Knoblauch und Zwiebel ins Öl und brate sie 4–6 Minuten, bis sie weich und fast durchsichtig werden. Rühre dabei ab und zu mit einem **Kochlöffel** um.

3 Gib die Pilze, das Salz und etwas Pfeffer dazu. Wenn du magst, kannst du auch Thymian und Chiliflocken dazugeben. Rühre einmal um. Dann brate alles 10 Minuten, bis die Pilze schön braun werden. Dabei brauchst du nur ab und zu zu rühren. Schalte den Herd ab und rühre den Zitronensaft ein.

4 Stich die Rotis ein paarmal mit einer Gabel ein (Tortillas brauchst du nicht einzustechen). Lege sie nebeneinander auf ein **Backblech**.

5 Träufele etwas Olivenöl auf die Rotis und verteile es mit den Fingern. Die Rotis sollen gerade glänzen, aber nicht mit Öl durchweicht sein.

!! 6 Schiebe das Blech in den Ofen und backe die Rotis 5–7 Minuten, bis sie goldbraun sind. Ziehe **Ofenhandschuhe** an. Nimm das Blech aus dem Ofen und stelle es auf dem Herd oder auf einem **Kuchengitter** ab. Den Ofen noch nicht ausschalten!

7 Gib noch etwas Olivenöl auf die Rotis und verteile es mit einem **Backpinsel** (Vorsicht, das Blech ist heiß!).

ZUTATEN

2 EL Olivenöl, plus mehr zum Beträufeln

2 Knoblauchzehen, geschält und gehackt oder zerdrückt (Seite 13)

1 kleine Zwiebel, geschält und in dünne Ringe geschnitten (Seite 11)

340 g gemischte Pilze, z. B. Champignons, Shiitake oder Austernpilze, in mundgerechte Stücke geschnitten

½ TL grobes Salz

Pfeffer

¼ TL frische Thymianblätter (wenn du magst)

¼ TL Chiliflocken (wenn du magst)

1 EL Zitronensaft (Seite 15)

4 Rotis (18 cm) oder Vollkorn-Tortillas (20 cm)

50 g zerkrümelter Ziegenkäse oder geriebener Emmentaler (Seite 16)

GROSSER HUNGER

ROTI-PIZZA MIT PILZEN UND KÄSE
FORTSETZUNG

8 Belege die Rotis gleichmäßig mit Pilzen und Käse. Schiebe das Blech mit Ofenhandschuhen wieder in den Ofen. Backe die Rotis 4–6 Minuten, bis der Ziegenkäse weich wird (er schmilzt nicht ganz) oder der Emmentaler geschmolzen ist.

!! 9 Nimm das Blech mit Ofenhandschuhen aus dem Ofen und stelle es auf dem Herd oder auf einem Kuchengitter ab. Lege die Pizzas auf ein Schneidebrett und schneide sie mit einem Brotmesser oder Pizzarad in Viertel. Träufele noch etwas Olivenöl darüber, bevor du sie auf den Tisch stellst.

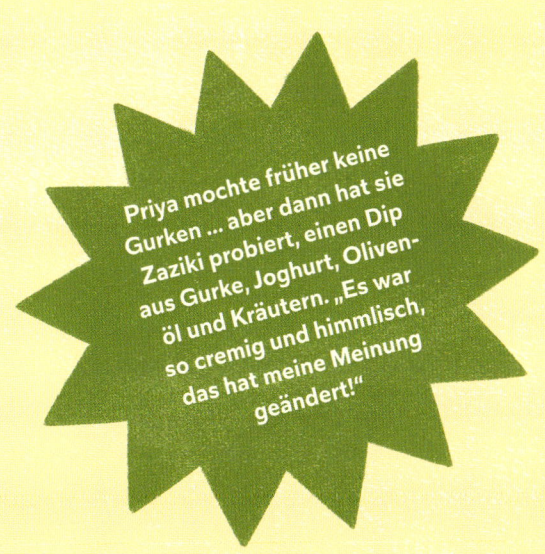

Priya mochte früher keine Gurken … aber dann hat sie Zaziki probiert, einen Dip aus Gurke, Joghurt, Olivenöl und Kräutern. „Es war so cremig und himmlisch, das hat meine Meinung geändert!"

GROSSER HUNGER

FÜR 4 PERSONEN

HÄHNCHENBRUST AUS DEM OFEN

ZUTATEN

1 EL grobes Salz
1 TL hellbrauner Zucker
¼ TL Pfeffer
4 Hähnchenbrustfilets (à 170–225 g)
4 TL Olivenöl

In diesem Rezept gibt es einen Trick, damit die Hähnchenbrustfilets in der Mitte saftig bleiben: sie werden in den kalten Ofen geschoben. Das Hähnchen gart dann, während sich der Ofen langsam erhitzt, wodurch sie bis zum Ende schön saftig bleiben. Ein wenig Zucker auf den Filets sorgt dafür, dass sie im Ofen schön braun werden, sie schmecken dadurch nicht süß.

1 Lege ein Backblech mit Backpapier aus.

2 Gib Salz, Zucker und Pfeffer in eine kleine Schüssel und rühre mit einem Löffel gut um.

3 Trockne das Fleisch mit Küchenpapier ab. Lege das Fleisch auf das Blech mit dem Backpapier und beträufele jedes Stück mit 1 TL Öl. Verteile das Öl mit den Händen auf beiden Seiten der Hähnchenbrustfilets.

4 Bestreue jedes Hähnchenbrustfilet von beiden Seiten mit ½ TL der Salzmischung. Verteile die Mischung mit den Händen. Danach musst du dir die Hände waschen.

5 Schiebe das Backblech in den kalten Ofen. Schalte dann Ofen auf 230 °C ein und stelle einen Timer. Backe das Fleisch etwa 30 Minuten, bis es durchgegart ist und auf der Unterseite braun wird.

!! 6 Ziehe Ofenhandschuhe an. Nimm das Backblech aus dem Ofen und stelle es auf dem Herd oder auf einem Kuchengitter ab. Stecke ein Bratenthermometer in die dickste Stelle des Fleischs. Es muss mindestens 75 °C anzeigen (Seite 17). Wenn das Fleisch noch kühler als 75 °C ist, schiebe es noch einmal für 3–4 Minuten in den heißen Ofen, bis die Temperatur 75 °C erreicht. Lass die Hähnchenbrustfilets vor dem Servieren 5 Minuten abkühlen.

HÄHNCHENBRUST AUS DEM OFEN
FORTSETZUNG

HÄHNCHENBRUST MIT ZITRONE UND PFEFFER

Gib in Schritt 2 noch 1 TL abgeriebene Zitronenschale (Seite 15) in die Schüssel mit dem Salz und dem Zucker und nimm etwas mehr Pfeffer (etwa ½ TL).

HÄHNCHENBRUST MIT CHILI UND LIMETTE

Gib in Schritt 2 noch 1 TL abgeriebene Limettenschale (Seite 15) und ½ TL mildes Chilipulver in die Schüssel mit Salz, Zucker und Pfeffer.

HÄHNCHENBRUST MIT KNOBLAUCH UND KRÄUTERN

Gib in Schritt 2 noch 1 TL Kräuter der Provence oder italienische Kräuter und ½ TL Knoblauchpulver in die Schüssel mit Salz, Zucker und Pfeffer.

RAUCHIGE HÄHNCHENBRUST

Gib in Schritt 2 noch ½ TL süßes geräuchertes Paprikapulver und ½ TL gemahlenen Zimt in die Schüssel mit Salz, Zucker und Pfeffer.

Fun Food Fact

Im Jahr 1923 bestellte Cecile Long Steele 50 Küken. Sie wollte Legehennen aufziehen. Durch einen Fehler wurden aber 500 Küken geliefert! Zuerst wusste Cecile nicht, was sie mit so vielen Hühnern anfangen sollte. Dann entschloss sie sich, die Tiere für ihr Fleisch aufzuziehen. Innerhalb von drei Jahren hatte sie 10 000 Hühner im Stall. Das war vermutlich der Beginn der kommerziellen Hühnerhaltung im amerikanischen Bundesstaat Delaware.

FÜR 4 PERSONEN

PICADILLO
HACK MIT TOMATEN UND OLIVEN

ZUTATEN

2 Chayote-Kürbisse (oder 225 g kleine Kartoffeln, in Viertel geschnitten; größere Kartoffeln in 1,5 cm große Stücke)

1 große Tomate (170 g), in Viertel geschnitten

1 Handvoll frisches Koriandergrün (Blätter und Stiele), grob gehackt, plus Korianderblätter zum Servieren (Seite 10)

1 kleine Zwiebel, geschält und geviertelt (Seite 11)

3 Knoblauchzehen, geschält (Seite 13)

2 EL natives Olivenöl extra

1 mageres Rinderhackfleisch

2½ TL Sazón (siehe Einleitung)

2 TL Weißweinessig

120 ml Hühnerbrühe

2 EL grüne Oliven ohne Steine (wenn du magst)

Salz und Pfeffer

Picadillo ist ein Gericht mit Rinderhackfleisch, das häufig mit Tomaten und Oliven kombiniert wird. Du kannst es in vielen Variationen in ganz Lateinamerika und in der Karibik finden. In dieser Version wird Chayote verwendet, ein kleiner grüner Kürbis aus Mexiko – schau in der Gemüseabteilung deines Supermarktes oder auf dem Wochenmarkt. Falls du stattdessen lieber Kartoffeln verwenden willst, nimm kleine Kartoffeln, sie heißen „Drillinge". Sazón ist eine in Lateinamerika beliebte Gewürzmischung; du kannst stattdessen auch Grillgewürz verwenden. Wenn du dieses Rezept vegan zubereiten willst, nimm pflanzliches Hack nach Rinder-Art und Gemüsebrühe. Serviere dein Picadillo mit weißem Reis (Seite 110) und wenn du magst mit Fladenbrot.

1 Lege einen Kürbis auf ein **Schneidebrett**. Schneide ihn mit einem **Küchenmesser** in Viertel und entferne die Kerne im Inneren. Lege die Stücke mit der glatten Seite nach unten auf das Schneidebrett. Schneide sie der Länge nach in 1 cm breite Streifen. Drehe die Streifen und schneide sie in der anderen Richtung in 1 cm große Würfel. Stelle die Würfel zur Seite. Schneide den zweiten Kürbis ebenfalls in Würfel.

2 Gib Tomate, Koriander, Zwiebel und Knoblauch in eine **Küchenmaschine** und schließe den Deckel fest. Drücke den Intervallschalter 1 Sekunde und lass ihn wieder los. Wiederhole das, bis alles grob gehackt ist. Nimm den Deckel ab und entferne vorsichtig den Messereinsatz.

3 Gieße das Öl in eine **Bratpfanne (30 cm)**. Erhitze die Pfanne auf dem Herd bei mittlerer bis starker Hitze 2 Minuten, bis das Öl heiß ist, aber nicht raucht (Seite 17). Hebe die Pfanne an und schwenke sie, damit sich das Öl gleichmäßig verteilt. Stelle die Pfanne wieder auf den Herd.

4 Gib das Hackfleisch in die Pfanne und brate es 5 Minuten, bis es anfängt, braun zu werden. Zerteile dabei größere Brocken mit einem **Kochlöffel**.

5 Gib Sazón und Essig dazu und rühre gut um. Lass alles noch 1 Minute kochen. Schalte dann auf mittlere Hitze herunter.

6. Gib die Tomatenmischung aus der Küchenmaschine dazu und lass alles 3–4 Minuten kochen. Zwischendurch musst du ab und zu umrühren.

7. Rühre jetzt noch Brühe, Kürbis und Oliven (wenn du möchtest) unter. Danach muss alles 20–25 Minuten kochen, bis die Flüssigkeit fast verschwunden und der Kürbis weich ist. Stich zum Testen mit einer Gabel hinein. Vergiss nicht, zwischendurch umzurühren. Schalte den Herd ab.

8. Schmecke das Picadillo mit Salz und Pfeffer ab (Seite 17). Streue den restlichen Koriander darüber. Guten Appetit.

WIE SCHMECKT'S?

„Es hat lecker geschmeckt und war schön weich. Ich mochte es sehr und es ist ein tolles Essen für die ganze Familie." – Goldie, 11 Jahre

FÜR 10 FLEISCHBÄLLCHEN

KÖFTE
FLEISCHBÄLLCHEN AUS DEM NAHEN OSTEN

ZUTATEN

½ Zwiebel, geschält und in Viertel geschnitten (Seite 11)

1 Knoblauchzehe, geschält (Seite 13)

1 Handvoll frische Petersilie (Blätter und Stiele), grob gehackt (Seite 10)

450 g mageres Hackfleisch vom Rind oder Lamm

1 TL gemahlener Kreuzkümmel

¾ TL Salz

¼ TL gemahlener Zimt

¼ TL gemahlener Piment

¼ TL Pfeffer

Köfte sind Bällchen oder Röllchen aus Hackfleisch, die im Nahen Osten sowie in der Türkei und in Armenien sehr beliebt sind. Sie werden mit Gewürzen und Kräutern verfeinert, auf einen Spieß gesteckt und anschließend gegrillt. Wir machen es uns einfach, lassen den Spieß weg und garen unsere Köfte im Backofen. Falls du keine Küchenmaschine hast, kannst du ein Messer benutzen, um Zwiebel, Knoblauch und Petersilie fein zu hacken und dann alles in einer großen Schüssel mischen. Serviere deine Köfte mit Fladenbrot (Seite 114), Reis (Seite 110), einem Salat und/oder Ofengemüse (Seite 112).

1. Heize den Backofen auf 220 °C vor. Lege ein **Backblech** mit **Backpapier** aus.

2. Gib Zwiebel, Knoblauch und Petersilie in eine **Küchenmaschine**. Verschließe den Deckel sorgfältig. Drücke den Intervallschalter 1 Sekunde und lass ihn wieder los. Wiederhole das etwa 10-mal, bis das Gemüse fein gehackt ist.

!! 3. Nimm den Deckel ab und entferne vorsichtig den Messereinsatz. Fülle die Zwiebelmischung mit einem **Teigschaber** in eine **große Schüssel**. Setze den Messereinsatz wieder hinein.

4. Gib Hackfleisch, Kreuzkümmel, Salz, Zimt, Piment und Pfeffer in die leere Küchenmaschine. Verschließe den Deckel sorgfältig. Drücke den Intervallschalter 15-mal für 1 Sekunde, bis alles gut vermischt ist.

!! 5. Nimm den Deckel von der Küchenmaschine wieder ab und entferne den Messereinsatz. Fülle die Hackfleischmasse mit dem Teigschaber in die große Schüssel mit der Zwiebelmischung. Rühre alles gut um.

6. Feuchte deine Hände an und teile die Mischung in zehn gleiche Portionen. Forme jede Portion zu einem Oval, das 8 cm lang und 3 cm dick ist. Lege die fertigen Fleischbällchen auf das Backblech mit dem Backpapier, aber lass zwischen ihnen etwas Platz. Danach musst du dir die Hände waschen.

7. Schiebe das Backblech in den Ofen und backe die Köfte 12–15 Minuten, bis sie goldbraun und durchgegart sind.

!! 8 Ziehe **Ofenhandschuhe** an. Nimm das Backblech aus dem Ofen und stelle es auf dem Herd oder auf einem **Kuchengitter** ab. Stecke ein **Bratenthermometer** in die dickste Stelle eines Fleischbällchens. Es muss mindestens 70 °C anzeigen (Seite 17). Wenn die Köfte noch nicht heiß genug sind, musst du sie noch 3–5 Minuten in den Ofen schieben, bis die Temperatur von 70 °C erreicht ist. Lass die Köfte vor dem Essen 2–3 Minuten abkühlen.

WIE SCHMECKT'S?

„Mit ihrem perfekt gewürzten Fleisch hatten die Köfte total viel Geschmack, außerdem hat es Spaß gemacht, sie zu machen. Die Fleischbällchen waren superweich und lecker und die Zubereitung ganz einfach." – Ariana, 10 Jahre

FISCHSTÄBCHEN-TACOS MIT KRAUTSALAT

FÜR 8–10 TACOS

ZUTATEN

1 EL natives Olivenöl extra

1 TL Grillgewürz

16–18 gefrorene Fischstäbchen

2 EL Sauerrahm

2 EL Mayonnaise

abgeriebene Schale und Saft von 1 Bio-Limette (Seite 15)

1 TL Honig

¼ TL Salz

300 g Weißkohl, fein gehobelt

2 EL frisch gehacktes Koriandergrün (Seite 10, wenn du magst)

8–10 Mais-Tortillas (15 cm)

Ein klassischer Fisch-Taco wird mit frittiertem Fisch gemacht, aber in diesem schnellen und einfachen Rezept nehmen wir Fischstäbchen. Sie werden beim Backen außen knusprig und innen zart und passen perfekt in die Mais-Tortillas. Probiere ruhig verschiedene Toppings, um deine Tacos aufzupeppen, zum Beispiel Silberzwiebeln oder Jalapeños, ein wenig Chili-Mayonnaise, Radieschen, gewürfelte Avocado, gehacktes Koriandergrün und Limettenspalten zum Auspressen.

1. Heize den Backofen auf 220 °C vor. Lege ein **Backblech** mit **Backpapier** aus.

2. Gib die Gewürzmischung und das Öl in eine **große Schüssel** und rühre mit einem **Teigschaber** gut um. Lege die gefrorenen Fischstäbchen hinein und rühre, bis sie von dem Öl bedeckt sind.

3. Lege die Fischstäbchen nebeneinander auf das Backblech mit dem Backpapier.

4. Schiebe das Backblech in den Ofen. Backe die Fischstäbchen 16–20 Minuten, bis sie gar und kräftig goldbraun sind.

5. Wenn die Fischstäbchen im Ofen sind, gib Sauerrahm, Mayonnaise, Limettenschale, Honig und Salz in eine **zweite große Schüssel**. Rühre mit einem **Schneebesen** gut um. Gib dann Kohl und Koriander (wenn du magst) dazu und nimm eine **Zange**, um alles zu vermischen.

!! 6. Wenn die Fischstäbchen fertig sind, nimm das Backblech mit **Ofenhandschuhen** aus dem Ofen und stelle es auf einem **Kuchengitter** ab. Lass die Fischstäbchen 5 Minuten auf dem Blech abkühlen.

7. Stapele die Tortillas auf einen **kleinen mikrowellenfesten Teller** und decke sie mit einem **feuchten Geschirrtuch** zu. Erwärme sie 1 Minute in der Mikrowelle.

8. Lege die Fischstäbchen mit der Zange auf die warmen Tortillas. Verteile den Krautsalat darauf. Dazu kannst du noch Taco-Toppings servieren (siehe Einleitung).

ICH BIN ASMA KHAN

Wenn Asma an ihre Kindheit in Kalkutta in Indien denkt, erinnert sie sich an Bollywood-Musik aus ihrem batteriebetriebenen Radio. Das Radio war praktisch, wenn es einen Stromausfall gab. Sie hat ihre Mutter vor Augen, wie sie Paratha macht, eine Art Fladenbrot, das auf einer flachen Eisenplatte, Tawa genannt, gebacken wird. Einmal, als Asma auf dem Balkon ein Paratha aß, kam eine Krähe und nahm es ihr weg! Jeden Tag ist Asma vom Geräusch des traditionellen Steinmörsers aufgewacht, in dem geröstete Gewürze zerstoßen wurden. Ihre Mom hatte eine Catering-Firma und alle Gewürze wurden morgens frisch geröstet und gemahlen. Auch ohne auf die Uhr zu schauen, wusste Asma durch dieses Geräusch, wie spät es ist.

Asmas Erinnerungen an ihre Kindheit finden sich in allem, was sie zubereitet. Sie sagt: „Das Essen, das ich koche, ist mit meiner Heimat und meinen Erinnerungen verbunden". In ihrem Restaurant in London, dem *Darjeeling-Express,* serviert ihr Team, das nur aus Frauen besteht, indisches Essen aus allen Landesteilen. Das Restaurant hat 2017 eröffnet und das Herz des Küchenteams ist ihm trotz aller Hürden und Schließungen während der Corona-Pandemie treu geblieben. Asma findet, dass eine gute Küchenchefin vor allem Teamfähigkeit braucht und sie muss immer einen kühlen Kopf bewahren, an guten wie auch an schlechten Tagen.

Asmas wichtigster Kochtipp: Keine Panik! Als sie selbst anfing zu kochen, hatte sie Angst, heißes Öl würde auf sie spritzen, wenn sie Zutaten hineingibt. Sie hat gelernt, die Zutaten von der Seite in die Pfanne gleiten zu lassen, was viel sicherer ist.

LACHS-FRIKADELLEN

FÜR 4–6 PERSONEN (16 FRIKADELLEN)

ZUTATEN

675 g kleine Kartoffeln

425 g gegarter Lachs oder Thunfisch aus der Dose, abgetropft

Pflanzenöl

½ mittelgroße Zwiebel, geschält und gehackt (Seite 11)

½ TL gemahlene Kurkuma

¼ TL Cayennepfeffer oder Paprika

1 großes Ei

2 EL frisch gehackte Korianderblätter (Seite 10)

2 EL Semmelbrösel (oder etwas mehr, falls nötig)

¾ TL Salz

„Dieses Gericht erinnert mich sehr an Kalkutta, die Stadt in Indien, in der ich aufgewachsen bin. Meine Eltern haben die Frikadellen oft gemacht, wenn unerwarteter Besuch kam. Meistens wurden Reis und Dal als einfache Beilage serviert, aber ich habe die Frikadellen am liebsten mit Ketchup und Buttertoast gegessen. Ich mache das Rezept auch heute noch, wenn es schnell gehen muss, weil man dafür nur Zutaten braucht, die man im Haus hat und Kartoffeln."   Asma Khan

1. Lege die Kartoffeln in einen **großen Topf**. Gib Wasser dazu, bis es 2,5 cm über den Kartoffeln steht. Bringe das Wasser bei mittlerer Hitze zum Kochen. Gare die Kartoffeln 20–25 Minuten, bis sie sich mit einer **Gabel** leicht einstechen lassen.

‼ 2. Stelle ein **Sieb** in die Spüle. Gieße die Kartoffeln in das Sieb, damit sie abtropfen. Dabei kannst du dir ruhig helfen lassen. Lass die Kartoffeln abkühlen, bis du sie gut anfassen kannst. Ziehe dann vorsichtig die Schale ab. Lege die Kartoffeln in eine **große Schüssel**. Zerdrücke sie mit einem **Kartoffelstampfer**, bis fast keine Stückchen mehr zu sehen sind.

3. Gib den Lachs in die Schüssel zu den zerdrückten Kartoffeln und rühre mit einem **Kochlöffel** gut um.

4. Gieße 4 EL Öl in eine **Bratpfanne (30 cm)**. Erhitze die Pfanne auf dem Herd 2 Minuten bei mittlerer Hitze, bis das Öl heiß ist, aber nicht raucht (Seite 17). Gib die Zwiebel hinein und brate sie 5–7 Minuten, bis sie goldbraun ist. Rühre zwischendurch mit dem Kochlöffel um.

5. Gib Kurkuma und Cayennepfeffer dazu, rühre um und warte noch 30 Sekunden. Schalte den Herd ab. Gib die Zwiebelmischung in die Schüssel mit Lachs und Kartoffeln und rühre alles gründlich um.

6. Gib jetzt Ei, Koriander, Semmelbrösel und Salz in die Schüssel und rühre wieder mit dem Kochlöffel gut um. Die Masse soll recht fest sein. Wenn sie noch zu feucht ist, rühre Semmelbrösel unter, bis sie fest genug ist.

WEITER GEHT'S

GROSSER HUNGER

LACHSFRIKADELLEN
FORTSETZUNG

7 Forme mit deinen Händen aus der Masse 16 kleine runde Frikadellen (etwa 5 cm Durchmesser und 1 cm dick). Lege die fertigen Frikadellen auf ein Backblech. Danach musst du dir die Hände waschen.

!! 8 Wische die benutzte Bratpfanne mit Küchenpapier aus. Gib 2 EL Öl hinein. Erhitze die Pfanne etwa 2 Minuten auf dem Herd bei mittlerer Hitze, bis das Öl heiß ist, aber nicht raucht. Lege vorsichtig die Hälfte der Lachsfrikadellen ins heiße Öl und brate sie 2–3 Minuten, bis die Unterseite goldbraun ist. Zum Nachsehen kannst du sie mit einem Pfannenwender anheben.

9 Wende die Frikadellen mit dem Pfannenwender und brate die andere Seite 2–3 Minuten, bis sie auch schön goldbraun ist. Lege die Frikadellen auf einen Teller. Brate die anderen Frikadellen ebenso. Danach kannst du sie mit Ketchup oder einem anderen Dip servieren.

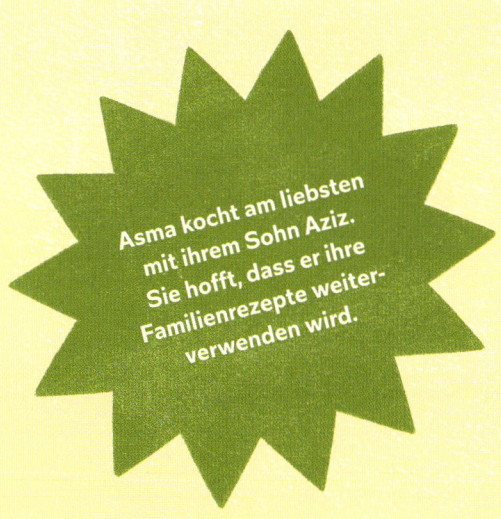

Asma kocht am liebsten mit ihrem Sohn Aziz. Sie hofft, dass er ihre Familienrezepte weiterverwenden wird.

GROSSER HUNGER

NUDELN MIT MARCELLA HAZANS TOMATENSOSSE

FÜR 4–6 PERSONEN

Da dieses Rezept aus so wenigen Zutaten besteht, sind für einen optimalen Geschmack und eine gute Konsistenz hochwertige Dosentomaten ganz wichtig. San-Marzano-Tomaten sind in Italien für ihren guten Geschmack ausgezeichnet. Schau in einem italienischen Lebensmittelgeschäft nach dieser Sorte oder frage in einem großen, gut sortierten Supermarkt.

1 **Für die Soße:** Gib die Tomaten mit ihrem Saft, die Zwiebelhälften, die Butter und das Salz in einen **großen Topf** und rühre um.

2 Stelle den Topf bei mittlerer Hitze auf den Herd und erhitze alles 6–8 Minuten, bis die Butter schmilzt und die Mischung köchelt (kleine Blasen erscheinen an der Oberfläche). Rühre zwischendurch mit einem **Kochlöffel** um.

3 Fülle etwas von der Soße in eine **kleine Schüssel** und lass sie einen Moment abkühlen. Probiere, wie sie schmeckt. Wenn du sie etwas milder magst, kannst du ½ TL Zucker in den Topf geben. Probiere wieder und gib vielleicht noch etwas mehr Zucker dazu. (Der Zucker macht die Soße nicht süß. Er gleicht nur die Säure der Tomaten aus.)

4 Schalte den Herd auf mittlere bis schwache Hitze herunter. Lass die Soße 45 Minuten köcheln. Rühre zwischendurch immer wieder um und zerdrücke große Tomatenstücke mit dem Löffel. Mit der Zeit werden die Tomaten weich und die Soße wird dicker.

5 **Für die Nudeln:** Stelle einen **großen Topf** auf den Herd. Fülle ihn mit 4 l Wasser und bringe das Wasser bei starker Hitze zum Kochen.

6 Gib das Salz ins Wasser und schütte dann vorsichtig die Nudeln hinein. Schau auf der Packung nach, wie lange die Nudeln kochen müssen. Rühre zwischendurch mit einem **sauberen Kochlöffel** um. Schalte den Herd ab.

!! 7 Stelle ein **Sieb** in die Spüle. Gieße die Nudeln hinein, damit sie abtropfen. Lass dir dabei helfen!

ZUTATEN

Tomatensoße

1 große Dose geschälte Tomaten (800 g; siehe Einleitung)

1 mittelgroße Zwiebel, halbiert und geschält (Seite 11)

5 EL Butter

2 Prisen Salz

½–1 TL Zucker (wenn du magst)

Nudeln

4 l Wasser

1 EL Salz

450 g Nudeln (deine Lieblingssorte)

1 EL natives Olivenöl extra

geriebener Parmesan (Seite 16, wenn du magst)

Basilikum oder Petersilie, frisch gehackt (Seite 10, wenn du magst)

WEITER GEHT'S

GROSSER HUNGER

NUDELN MIT MARCELLA HAZANS TOMATENSOSSE
FORTSETZUNG

8 Gieße das Öl in den leeren Nudeltopf. Schütte die Nudeln wieder hinein und rühre mit einem Kochlöffel um, bis die Nudeln von Öl umhüllt sind. (Wenn du Spaghetti oder andere lange Nudeln ausgesucht hast, nimm dafür lieber eine **Zange**.) Lege einen Deckel auf den Topf, damit die Nudeln warm bleiben.

9 Wenn die Soße fertig ist, schalte den Herd ab und nimm den Topf vom Herd. Nimm die Zwiebelhälften heraus. Du kannst sie wegwerfen oder abkühlen lassen und aufessen. Zerdrücke die letzten großen Tomatenstücke mit einem **Kartoffelstampfer**. Pass auf, Topf und Soße sind heiß, und es könnte spritzen. Probiere die Soße und rühre noch etwas Salz hinein, wenn du möchtest.

10 Fülle lange Nudeln mit einer Zange (oder kurze Nudeln mit einem **großen Löffel**) auf **tiefe Teller**. Verteile die Soße gleichmäßig auf die Teller. Wenn du möchtest, kannst du vor dem Essen noch geriebenen Parmesan und/oder Basilikum darüberstreuen. *Buon appetito!*

📣 Fun Food Fact

Marcella Hazan hat als Autorin und Kochlehrerin den Amerikanern seit den 1960er-Jahren in Kursen und Büchern die „echte" italienische Küche nahegebracht. Dieses Rezept ist eines ihrer berühmtesten, wahrscheinlich weil die Soße so einfach und gleichzeitig so lecker ist.

BASILIKUM-PESTO

**FÜR 4–6 PERSONEN
(GENUG FÜR 450 G NUDELN)**

Wenn du dieses Rezept vegan zubereiten willst, lass den Parmesankäse weg und verdopple die Menge der Nüsse. Du kannst die Nüsse auch durch Sonnenblumen- oder Kürbiskerne ersetzen, falls du ein nussfreies Pesto haben willst. Das Pesto schmeckt zu gekochten Nudeln oder auf einem Sandwich, zu Hähnchenfleisch oder Ofengemüse (Seite 112).

ZUTATEN

50 g frische Basilikumblätter

40 g Pinienkerne, Walnusskerne oder Mandeln

1 Knoblauchzehe, geschält und grob gehackt (Seite 13)

¼ TL Salz

120 ml natives Olivenöl extra

50 g geriebener Parmesan (Seite 16)

1 Gib Basilikum, Pinienkerne, Knoblauch und Salz in eine **Küchenmaschine**. Verschließe den Deckel sorgfältig. Drücke den Intervallschalter 1 Sekunde lang und lass ihn dann los. Wiederhole das etwa 12-mal, bis alles fein gehackt ist.

2 Nimm den Deckel ab und schabe mit einem **Teigschaber** die Masse von der Becherwand. Verschließe den Deckel wieder, aber öffne das kleine Einfüllloch in der Mitte.

3 Schalte die Küchenmaschine ein. Wenn der Motor läuft, gieße langsam das Öl durch das Einfüllloch in die Küchenmaschine. Nach etwa 30 Sekunden bildet sich eine Soße. Schalte die Küchenmaschine aus.

!! 4 Nimm vorsichtig den Messereinsatz aus der Küchenmaschine. Schabe das Pesto mit dem Teigschaber in eine **kleine Schüssel**. Rühre den Parmesan unter. Schmecke das Pesto mit etwas Salz ab, wenn du möchtest (Seite 17). Jetzt kann das Pesto gegessen werden. Du kannst es auch in ein Schraubglas füllen, mit einer Schicht Öl bedecken (damit es nicht braun wird) und 4 Tage im Kühlschrank aufbewahren.

ABWECHSLUNG

Wenn du mal etwas anderes probieren möchtest, kannst du die Hälfte des Basilikums durch eine andere grüne Zutat austauschen. Nimm nur 25 g Basilikum und dazu zum Beispiel 25 g Petersilie, jungen Grünkohl, Blattspinat oder Rucola. Sogar aus Gemüseblättern, die sonst im Abfall landen, kannst du Pesto machen. Blätter von Karotten, Radieschen oder rote Bete schmecken richtig gut.

Fun Food Fact

Basilikum-Pesto wurde um das Jahr 1800 in der italienischen Region Ligurien erfunden. Ligurien ist auch die Heimat von Rebel Girls wie Maria Pellegrina Amoretti, der ersten Frau, die an einer italienischen Universität ein Jurastudium abgeschlossen hat. Auch aus der Region stammt die Mode-Journalistin Irene Brin, die sich im Zweiten Weltkrieg weigerte, mit den Nationalsozialisten zusammenzuarbeiten.

ICH BIN HETTY LUI MCKINNON

Wenn Hetty als Kind krank war, hat ihre Mom ihr immer Bratreis mit Ingwer gemacht. Von ihrem Bett aus konnte Hetty den Pfannenwender im Wok schaben hören und bald darauf verbreitete sich der wohltuende Duft von Ingwer im ganzen Haus. Es war das Spezialrezept ihrer Mom für Zeiten, wenn der Körper Heilung und Erholung braucht.

Eigentlich ist Hetty die Küchenchefin, aber wenn sie mit ihrer Mom kocht, übernimmt diese auch heute noch das Kommando. Hetty liebt es, sich die Ratschläge und Geschichten ihrer Mom über ihr Leben in China anzuhören (dort hat sie gelebt, bevor sie nach Australien kam).

Als Food-Journalistin und Kochbuchautorin interessiert sich Hetty vor allem für vegetarisches Wohlfühl-Essen. Sie beschreibt ihre Rezepte als „Mischung meiner chinesischen Wurzeln mit Einflüssen vom Aufwachsen in Australien und vom Leben auf der ganzen Welt". Sie möchte Kindern, die wie sie selbst ausländische Wurzeln haben und denen es oft schwerfällt, ein Gefühl der Zugehörigkeit zu entwickeln, eine Stimme geben. Sie findet, mit Essen kann man Brücken bauen und vielen Menschen unterschiedlicher Herkunft helfen, Gemeinsamkeiten zu finden.

Hettys Kochtipp: „Nutze alle deine Sinne in der Küche. Lerne wie das Geräusch klingt, das Reis macht, wenn er gar ist, den Geruch der Bratnudeln, wenn sie perfekt knusprig sind, und die Farbe des Gebäcks, wenn es fertig ist. Kochen ist eine Erfahrung für alle Sinne, und wenn wir lernen, ihnen zu vertrauen, werden wir bessere Köchinnen."

Chow mein mit Gemüse und Tofu

FÜR 4 PERSONEN

„Dieses Rezept ist vom bunten kantonesischen Chow mein meiner Mutter inspiriert. *Chow mein* heißt „Bratnudeln". Davon gibt es viele Varianten, wobei die Versionen aus Kanton und Hongkong sehr speziell sind. Die Nudeln sollten unten knusprig und oben weich sein und mit knackig-zartem Gemüse mit ein wenig Soße (und Fleisch oder Meeresfrüchten) bedeckt sein. Am besten macht man Chow mein im Wok, aber ich habe eine eigene Technik entwickelt, für die ich eine große ofenfeste Form und eine hohe Backofentemperatur nutze, wodurch ähnliche Effekte und Aromen entstehen wie im Gericht meiner Mutter – und man hat weniger Arbeit. Traditionelles Chow mein wird mit Eiernudeln gemacht, weil sie sehr knusprig werden, aber hier habe ich sie durch Instant-Ramen-Nudeln ersetzt, was schneller geht und auch gut funktioniert."

„Dieses Gericht lässt sich leicht abwandeln. Das Gemüse kannst du mit allem ersetzen, was du gerade im Kühlschrank findest: Karotten, Blumenkohl, Spargel, Zuckschoten, Weißkohl oder Zucchini – das alles eignet sich super als Ersatz oder Ergänzung."   Hetty Lui McKinnon

ZUTATEN

Nudeln und Gemüse

1 Block extrafester Tofu, abgetropft

1 EL Sesamöl (geröstet oder ungeröstet)

1 EL Sojasoße oder Tamari

1 Kopf Brokkoli (400 g), in kleine Röschen geschnitten

100 g Shiitakepilze (ohne Stiele), in Streifen geschnitten

1 rote oder grüne Paprika, in schmale Streifen geschnitten

1–3 EL Sonnenblumen- oder Rapsöl

grobes Salz und schwarzer oder weißer Pfeffer

3 Päckchen Instant-Ramen-Nudeln (insgesamt etwa 250 g; Gewürzpäckchen nicht verwenden)

1   **Für die Nudeln und das Gemüse:** Schiebe zwei Roste in den Backofen – einen unten und einen in der Mitte. Heize den Ofen auf 220 °C vor.

2   Trockne den Tofu mit einem sauberen Geschirrtuch ab und lege ihn auf ein Schneidebrett. Schneide ihn mit einem Küchenmesser quer in 6 mm dünne Streifen. Lege die Streifen flach hin und schneide sie der Länge nach durch. So bekommst du jeweils zwei lange, schmale Streifen. Lege die Tofustreifen in einen Suppenteller und gieße Sesamöl und Sojasoße darüber. Mische alles, bis die Tofustreifen mit der Soße überzogen sind. Stelle sie 5 Minuten zur Seite.

3   Du brauchst zwei Auflaufformen: In die erste legst du die Tofuscheiben. In die zweite legst du Brokkoli, Shiitakepilze und Paprika. Beträufle das Gemüse mit 1 EL Öl. Bestreue es dann mit 1 TL Salz und einer großen Prise Pfeffer. Mische Gemüse, Öl und Gewürze mit deinen Händen. Danach musst du dir die Hände waschen.

4   Schiebe die Form mit dem Tofu unten in den Ofen und die Form mit dem Gemüse in die Mitte. Backe beides 10 Minuten.

GROSSER HUNGER

CHOW MEIN MIT GEMÜSE UND TOFU
FORTSETZUNG

!! 5 Lege inzwischen die Nudeln in eine große hitzebeständige Schüssel. Bringe im Wasserkocher oder in einem Topf auf dem Herd Wasser zum Kochen und gieße es über die Nudeln, bis sie ganz bedeckt sind. Lass die Nudeln 5 Minuten stehen und lockere sie zwischendurch mit Essstäbchen aus Holz oder einer Zange auf. Stelle ein Sieb in die Spüle, gieße die Nudeln hinein und lass sie abtropfen. Danach trocknest du sie mit einem sauberen Geschirrtuch ab.

6 Schütte die Nudeln wieder in die leere hitzebeständige Schüssel. Beträufele sie mit den restlichen 1–2 EL Öl und bestreue sie mit 1 TL Salz und einer großen Prise Pfeffer. Mische alles mit einer Zange gut durch.

!! 7 Ziehe Ofenhandschuhe an. Nimm die Auflaufformen aus dem Ofen und stelle sie auf dem Herd oder auf zwei Kuchengittern ab. Wende die Tofustreifen mit einem Pfannenwender. Schiebe das Gemüse in seiner Form an den Rand und gib die Nudeln in die Mitte. Verteile sie, so gut es geht (Vorsicht, die Auflaufform ist heiß).

8 Schiebe beide Formen mit Ofenhandschuhen wieder in den Backofen, aber jetzt den Tofu in die Mitte und die Form mit Gemüse und Nudeln nach unten. Backe alles 10–15 Minuten, bis der Tofu goldbraun ist und die Nudeln knusprig sind.

9 **Für die Würzsoße:** Gib Wok-Soße, Knoblauch, Pfeffer, Sesamöl und Sojasoße in eine kleine Schüssel und rühre mit einem Schneebesen gut um.

!! 10 Ziehe Ofenhandschuhe an. Nimm die Auflaufformen aus dem Ofen und stelle sie auf dem Herd oder auf zwei Kuchengittern ab. Gieße die Würzsoße über die Nudeln und mische sie unter. Lege den Tofu auf die Nudeln und bestreue ihn mit Frühlingszwiebeln und Sesam. Dann kannst du alles in Schalen füllen und servieren.

Würzsoße

1 EL vegetarische Wok-Soße oder Austersoße (für Nicht-Vegetarier)

1 kleine Knoblauchzehe, geschält und fein gehackt (Seite 13)

schwarzer oder weißer Pfeffer

1 EL Sesamöl

3 EL Sojasoße

1 Frühlingszwiebel, geputzt und in dünne Ringe geschnitten, zum Servieren

gerösteter weißer Sesam zum Servieren

SCHNIPP-SCHNAPP-NUDELN MIT KIMCHI

FÜR 4 PERSONEN

Es ist superleicht und ganz lustig, den Teig mit einer Küchenschere in fluffige Nudeln zu schneiden! Diese Art Nudeln stammt aus China, und dort nennt man sie *jian dao mian*. Wir mischen die gekochten Nudeln mit Kimchi und selbst angerührter Soße. Kimchi wird aus Chinakohl gemacht. Du kannst es im Bioladen oder im asiatischen Supermarkt fertig kaufen.

ZUTATEN

300 g Mehl, plus mehr zum Kneten

1 TL Salz

210 ml Wasser

4 EL Sojasoße

2 EL Reisessig

1 TL Zucker

1 Knoblauchzehe, geschält und fein gehackt (Seite 13)

4 l Wasser

375 g Kimchi

2 Frühlingszwiebeln, geputzt und in dünne Ringe geschnitten

1. Gib Mehl, Salz und das Wasser in eine **große Schüssel** und rühre mit einem **Teigschaber**, bis ein Teig entsteht.

2. Streue etwas Mehl auf eine saubere Arbeitsfläche. Gib den Teig auf das Mehl und knete ihn mit der Hand etwa 5 Minuten, bis er glatt aussieht und du kein trockenes Mehl mehr erkennen kannst. Forme den Teig mit den Händen zu einer Kugel.

3. Lege den Teig wieder in die Schüssel und decke sie mit **Frischhaltefolie** zu. Jetzt muss der Teig 15 Minuten ruhen.

4. In dieser Zeit kannst du Sojasoße, Essig, Zucker und Knoblauch in einer **kleinen Schüssel** mit einem **Löffel** verrühren.

5. Stelle ein **Sieb** in die Spüle. Stelle einen **großen Topf** auf den Herd. Fülle 4 l Wasser hinein und bringe es bei starker Hitze zum Kochen.

6. Wenn der Teig fertig ist, kannst du die Nudeln abschneiden. Wie es geht, siehst du auf den Fotos auf der nächsten Seite.

7. ⚠️ Lege die Nudeln vorsichtig ins heiße Wasser und koche sie 5–7 Minuten, bis sie an der Oberfläche schwimmen. Rühre zwischendurch mit einem **Kochlöffel** um.

8. ⚠️ Gieße die Nudeln in das Sieb in der Spüle. Lass dir dabei von einem Erwachsenen helfen. Wenn die Nudeln abgetropft sind, kannst du sie in eine **beschichtete Pfanne (30 cm)** schütten.

9. Gib das Kimchi und die Soße in die Pfanne und brate alles 3–4 Minuten, bis das Kimchi heiß ist. Schalte den Herd ab.

10. Fülle die Nudeln in **Servierschalen**. Bestreue sie mit den Frühlingszwiebeln. Lasst es euch schmecken!

Fun Food Fact

Diese Art von Nudel kommt aus der Provinz Shanxi in China, wo die Köchinnen die Nudeln aus großen Teigblöcken direkt ins kochende Wasser hineinschneiden. Shanxi war auch das Zuhause der ersten und einzigen Frau, die je Kaiserin von China war, Wu Zetian.

NUDELN SCHNEIDEN

1

Nimm den Teig aus der Schüssel und lege ihn auf eine saubere Arbeitsfläche. Wirf die Frischhaltefolie weg. Teile den Teig mit einem Metallschaber oder Küchenmesser in zwei Hälften.

2

Drücke jede Hälfte flach, sodass ein Oval von 20 x 13 cm und 1–1½ cm Dicke entsteht. (Auf die Maße kommt es aber nicht so genau an.)

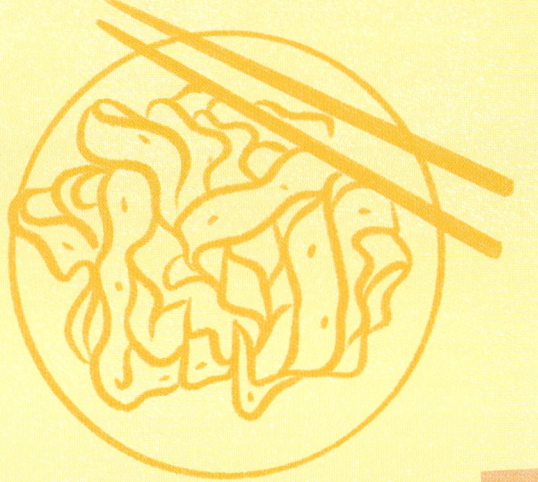

3

Halte ein Stück Teig über ein **Backblech mit Rand**. Schneide mit einer **Küchenschere** 3–5 cm lange Stücke vom Teig ab und lass sie auf das Backblech fallen. Es macht nichts, wenn sie etwas unterschiedliche Größen und Formen haben.

WIE SCHMECKT'S?
„Diese Nudeln finde ich absolut lecker!"
– Goldie, 11 Jahre

GROSSER HUNGER

FÜR 4–6 PERSONEN

OMAS PIZZA

Omas Pizza wird zuerst mit Käse bestreut, und dann kommt die Tomatensoße dazu, was für dich wahrscheinlich genau die verkehrte Reihenfolge ist. Man sagt, dass diese Variante von Kindern italienischer Einwanderer auf Long Island im US-Bundesstaat New York erfunden wurde. Achte darauf, dass der Pizzateig Raumtemperatur hat – wenn der Teig zu kalt ist, lässt er sich schwerer auseinanderziehen.

ZUTATEN

- 2 EL natives Olivenöl extra
- 450 g Pizzateig (gekauft)
- 1 Dose gehackte Tomaten (400 g)
- 1 Knoblauchzehe, geschält und fein gehackt (Seite 13)
- 1 TL getrockneter Oregano
- ½ TL Knoblauchpulver
- ½ TL Essig
- ½ TL Salz
- ¼ TL Pfeffer
- 300 g Mozzarella, geraspelt (Seite 16)
- 115 g Parmesan, gerieben (Seite 16)
- 1 Handvoll frische Basilikumblätter, gehackt oder in Stücke gezupft (Seite 10, wenn du magst)

1. Gieße das Öl auf ein **Backblech** und verteile es mit den Händen oder einem Pinsel auf dem ganzen Blech bis in die Ecken.

2. Lege den Pizzateig auf das eingeölte Backblech. Drehe ihn um, damit er auf beiden Seiten von Öl bedeckt ist. Ziehe ihn mit den Händen vorsichtig, bis er das Backblech bedeckt. Aber pass auf, dass er nicht reißt. Der Teig wird sich wieder ein bisschen zusammenziehen – das macht nichts.

3. Bedecke das Backblech mit **Frischhaltefolie** und stelle es 30–40 Minuten in ein warmes Zimmer, bis der Teig aufgegangen ist und dicker aussieht.

4. Heize den Backofen auf 230 °C vor.

5. Gib gehackte Tomaten, Knoblauch, Oregano, Knoblauchpulver, Essig, Salz und Pfeffer in eine **mittelgroße Schüssel** und rühre mit einem **großen Löffel** gut um.

6. Wenn der Teig schön aufgegangen ist, nimm die Frischhaltefolie ab. Drücke den Teig noch einmal in die Ecken des Backblechs. Wenn er sich immer noch zusammenzieht, decke ihn wieder mit Folie ab und lass ihn noch 10 Minuten ruhen. Versuche es dann noch einmal.

7. Streue Mozzarella und Parmesan gleichmäßig auf den Teig. Setze mit dem großen Löffel Kleckse der Soße auf den Käse.

8. Schiebe das Backblech in den Ofen und backe die Pizza 15–18 Minuten, bis der Käse braun wird und die Soße blubbert.

⚠️ 9. Ziehe **Ofenhandschuhe** an. Nimm das Backblech aus dem Ofen und stelle es auf dem Herd oder auf einem **Kuchengitter** ab. Lass die Pizza 5 Minuten abkühlen. Danach kannst du sie mit Basilikum bestreuen.

⚠️ 10. Löse die Ränder der Pizza mit einem **Pfannenwender**. Schiebe sie vorsichtig auf ein **Schneidebrett** (Vorsicht, das Blech ist heiß!). Schneide sie mit einem **Pizzarad** oder einem **Brotmesser** in Stücke. Dann könnt ihr reinhauen.

Ich bin Portia Mbau

Portia mochte keine Okra, bis sie das Gemüse einmal in der Heißluftfritteuse gemacht hat. Dadurch ist die Okra, die sie sonst immer etwas schleimig fand, knusprig und lecker geworden.

Als Portia noch so klein war, dass sie nicht an die Arbeitsfläche herankam, hat ihre Mutter sie in der Küche auf einen Stuhl gestellt. Dann hat sie Portia ein kleines Nudelholz und eigene Küchenwerkzeuge gegeben und sie haben Seite an Seite gebacken.

Später hat Portia die Tradition mit ihrer Tochter Lumai fortgesetzt. Anfangs war sie in der Küche unsicher – der heiße Ofen, die scharfen Messer ... Aber je mehr Portia und Lumai zusammen gekocht haben, desto sicherer wurde Lumai. Beide haben denselben Essensgeschmack – und keine macht gerne den Abwasch!

Im Jahr 1992 hat Portia das *Africa Café* eröffnet, das erste Restaurant in Südafrika, das afrikanisches Essen serviert hat. Menschen von überall kamen, um ihre köstlichen Gerichte zu probieren, und bald wollten alle die Rezepte haben. Deshalb hat sie ein Kochbuch geschrieben und Lumai hat die Fotos gemacht.

Portia ist nie in eine Kochschule gegangen – sie hat von ihrer Mutter kochen gelernt, bei der es ganz einfach aussah. Wenn andere Köchinnen über ihre Arbeit gesprochen haben, klang das oft so, als wäre es etwas, das man professionell erlernen muss. Portia dagegen sagt: „Jeder, der kochen will, soll wissen, dass er das kann. Du brauchst keine Ausbildung, um tolles Essen zu machen."

Wenn Portia drei Rebel Girls zum Abendessen einladen würde, dann wären es die Schriftstellerin und Bürgerrechtlerin Maya Angelou, die südafrikanische Politikerin Winnie Mandela und die Sängerin Tina Turner. Sie würde äthiopisches Sik Sik Wat kochen, einen herzhaften Rindfleisch-Eintopf mit süßer Paprikasoße. Zum Nachtisch gäbe es Lumais Spezialität – Käsekuchen!

GROSSER HUNGER

SÜDAFRIKANISCHER ERDNUSSTOPF

FÜR 2 PERSONEN ALS HAUPTGERICHT ODER FÜR 4 ALS BEILAGE

„Dieser einfache Eintopf birgt eine Überraschung. Erdnusssuppe ist in der süd- und ostafrikanischen Küche beliebt. Ich habe sie während meiner Reisen nach Südafrika und Tansania oft gegessen, und sie hat mich an den Rahmspinat erinnert, den meine Mutter oft gekocht hat. Erdnussmus und Spinat mochte ich schon als Kind, darum habe ich dieses Rezept erfunden. Das Gericht ist sahnig und ein bisschen süß, es steckt voller Eisen und Eiweiß und es schmeckt vollmundig und cremig – die perfekte Möglichkeit, mehr Spinat zu essen. Übrigens bestimmt die Chilisorte, wie scharf das Gericht wird. Bei einer Erdnussallergie kannst du das Erdnussöl durch Olivenöl ersetzen und das Erdnussmus durch Cashew- oder Mandelmus. Meine Familie liebt das Gericht zusammen mit Kartoffelstampf und Bratensoße oder mit Reis zu Brathähnchen."
Portia Mbau

ZUTATEN

- 450 g frischer Blattspinat (nicht zu kleine Blätter)
- 4 EL Erdnuss- oder Olivenöl
- 2 Zwiebeln, geschält und gehackt (Seite 11)
- 50 g Kokosraspel
- ½ TL Salz
- 1 TL gehackte Habanero-Chili ohne Kerne (etwa ½ Chili, Seite 12)
- 240 ml Kokosmilch
- 4 EL Erdnussmus ohne Stückchen

1 Stelle ein **Sieb** in die Spüle. Wasche den Spinat gründlich unter fließendem Wasser und lege ihn ins Sieb. Schüttele das Sieb, damit der Spinat abtropft. Wiederhole das mehrmals. Zupfe dann die Spinatblätter mit den Händen in 2,5 cm große Stücke.

2 Gieße das Öl in einen **großen Topf**. Erhitze den Topf auf dem Herd bei mittlerer Hitze, bis das Öl heiß ist, aber nicht raucht (Seite 17). Gib die Zwiebeln hinein und brate sie etwa 10 Minuten, bis sie goldbraun sind. Rühre zwischendurch mit einem **Kochlöffel** um.

3 Schalte auf schwache Hitze herunter. Gib Kokosraspel, Salz und Chili in den Topf und brate alles 5 Minuten. Dabei musst du öfter rühren.

4 Gib Kokosmilch und Erdnussmus in eine **kleine Schüssel** und rühre mit einem **Schneebesen**, bis sie sich verbunden haben.

5 Gib die Kokosmilch-Mischung und den Spinat in den Topf und lege einen **Deckel** darauf. Lass alles 15 Minuten kochen, bis der Spinat zusammengefallen ist. Rühre zwischendurch um. Schalte den Herd ab. Dann könnt ihr essen!

FÜR 3–4 PERSONEN

ZWEI ARTEN, REIS ZU KOCHEN

Es gibt zwei Arten, Reis zu kochen: Du kannst ihn in wenig Wasser garen, das er komplett aufnimmt, oder wie Nudeln in viel Wasser kochen und dann abgießen. Beides ist ganz leicht. Den Geschmack kannst du aufpeppen, indem du vor dem Servieren frische Kräuter, Zitronen- oder Limettensaft und/oder geriebenen Parmesan unterrührst.

WEISSER LANGKORNREIS ZUTATEN

- 200 g weißer Langkornreis
- 480 ml Wasser
- ½ TL Salz

WEISSER RUNDKORNREIS ODER SUSHIREIS ZUTATEN

- 200 g weißer Rundkornreis oder Sushireis
- 300 ml Wasser
- ¼ TL Salz

BRAUNER LANGKORN- ODER RUNDKORNREIS ZUTATEN

- 2 l Wasser
- 200 g brauner Langkorn- oder Rundkornreis
- 1½ TL Salz

FÜR WEISSEN LANGKORN- ODER RUNDKORNREIS UND FÜR SUSHIREIS

1. Stelle ein **feines Sieb** in die Spüle. Schütte den Reis hinein und spüle ihn unter fließendem kaltem Wasser 1–2 Minuten ab, bis klares Wasser herausläuft. Schüttele das Sieb, damit der Reis gut abtropft.

2. Gib Reis, Wasser und Salz in einen **mittelgroßen Topf**.

3. Bringe das Wasser bei mittlerer bis starker Hitze zum Kochen. Schalte auf schwache Hitze herunter, lege einen **Deckel** auf den Topf und koche den Reis 20 Minuten.

4. Schalte den Herd ab und nimm den Topf vom Herd. Lass den Topf mit geschlossenem Deckel noch ein bisschen stehen: 5 Minuten für weißen Langkornreis, 10 Minuten für weißen Rundkornreis und Sushireis.

5. Nimm den Deckel mit einem **Topflappen** ab. Jetzt ist der Reis fertig.

FÜR BRAUNEN LANGKORN- ODER RUNDKORNREIS

1. Gib das Wasser in einen **großen Topf** und bringe es bei mittlerer bis starker Hitze zum Kochen.

⚠ 2. Schütte vorsichtig Reis und Salz ins kochende Wasser. Lass den Reis 25–35 Minuten kochen, bis er weich ist. Zwischendurch musst du ab und zu mit einem **Kochlöffel** umrühren.

⚠ 3. Wenn der Reis fertig ist, schalte den Herd ab. Gieße den Reis in ein **feines Sieb**, das in der Spüle steht. Lass dir dabei helfen.

4. Fülle den Reis mit dem Kochlöffel in eine **Servierschüssel**.

BESONDERS LECKER: WEISSEN LANGKORNREIS RÖSTEN

Weißer Langkornreis schmeckt noch viel besser, wenn du ihn vor dem Kochen röstest. Gib 3 EL Butter in einen mittelgroßen Topf und lass sie schmelzen. Schütte den Reis hinein und röste ihn 2 Minuten, bis er ein bisschen nussig duftet. Dabei musst du immerzu rühren. Gieße dann das Wasser dazu und koche den Reis weiter wie in Schritt 3–5 auf der linken Seite.

FÜR 4 PERSONEN

OFENGEMÜSE

Gemüse wird im Ofen geröstet besonders lecker! Beim Bräunen entstehen viele neue, gute Aromen – dank schmackhafter Chemie. Es ist wichtig, das Gemüse in gleich große Stücke zu schneiden, damit sie gleichmäßig garen – achte beim Vorbereiten darauf. Wenn du willst, kannst du dein Gemüse vor dem Servieren mit ein wenig geriebenem Parmesan und/oder frischen gehackten Kräutern wie Petersilie, Schnittlauch oder Rosmarin verfeinern.

BROKKOLI MIT ZITRONE
ZUTATEN

- 450 g Brokkoliröschen, große Röschen halbiert
- 4 EL natives Olivenöl extra
- abgeriebene Schale von ½ Bio-Zitrone (Seite 15), plus Zitronenspalten zum Servieren
- ½ TL Salz
- 1 Prise Pfeffer

KAROTTEN MIT HONIG UND BUTTER
ZUTATEN

- 675 g Karotten, geschält und quer in 1 cm dicke Scheiben geschnitten
- 2 EL Honig
- 2 EL Butter, in kleine Stücke geschnitten
- 1 EL natives Olivenöl extra
- ½ TL Salz

KARTOFFELN MIT KNOBLAUCH
ZUTATEN

- 675 g kleine rote oder gelbe Kartoffeln, in Hälften geschnitten (sehr kleine ganz lassen)
- 2 EL natives Olivenöl extra
- 1 TL Knoblauchpulver
- ½ TL Zwiebelpulver
- ½ TL Salz
- 1 Prise Pfeffer

1 Heize den Backofen auf 230 °C vor. Lege ein Backblech mit Backpapier aus.

2 Gib alle Zutaten für das Ofengemüse, das du dir ausgesucht hast, in eine große Schüssel. Rühre mit einem Pfannenwender um, bis das Gemüse gut mit Öl und Gewürzen vermischt ist.

3 Schütte alles auf das Backblech mit dem Backpapier. Verteile es gleichmäßig und drehe das Gemüse mit der Schnittfläche nach unten.

4 Schiebe das Backblech in den Ofen. Backe das Gemüse, bis es gar und goldbraun ist. Brokkoli braucht 10–15 Minuten, Karotten brauchen 20–25 Minuten und Kartoffeln 25–30 Minuten.

!5 Ziehe Ofenhandschuhe an. Nimm das Backblech aus dem Ofen und stelle es auf dem Herd oder auf einem Kuchengitter ab. Lass das Gemüse 5 Minuten abkühlen. Lege das Gemüse dann mit einem Pfannenwender in eine Servierschüssel. Du kannst es noch mit etwas Salz und Pfeffer abschmecken (Seite 17). Serviere den Brokkoli mit Zitronenspalten zum Ausdrücken.

FLADENBROT AUS DER PFANNE

FÜR 4 FLADENBROTE

ZUTATEN

280 g Mehl, plus mehr für die Arbeitsfläche
¼ TL Trockenhefe
180 ml Wasser
3 EL + 2 TL natives Olivenöl extra
1 TL Salz

Diese dünnen Fladenbrote haben Biss. Sie werden in der Pfanne gebacken – nicht im Ofen – und sind die perfekte Begleitung zu Suppen, Eintöpfen, Currys und mehr. Keine Sorge, wenn deine Fladenbrote alle etwas unterschiedlich geformt sind: Sie schmecken trotzdem super!

1 Schütte Mehl und Hefe in die Rührschüssel der Küchenmaschine. Verschließe den Deckel und mische alles 5 Sekunden lang. Schalte die Küchenmaschine aus.

2 Gib das Wasser und 3 EL Öl in einen Messbecher. Schalte die Küchenmaschine wieder ein und gieße die Mischung langsam durch das Einfüllloch in die Rührschüssel. Lass die Küchenmaschine 30 Sekunden bis 1 Minute laufen, bis der Teig eine Kugel bildet und nicht mehr an der Rührschüssel klebt. Schalte die Küchenmaschine aus.

3 Lass den Teig noch 5 Minuten in der Küchenmaschine. (So kann das Mehl die Flüssigkeit ganz aufsaugen und der Teig wird weicher und lässt sich leichter verarbeiten.)

4 Gib inzwischen die restlichen 2 TL Öl in eine mittelgroße Schüssel und schwenke sie, damit sich das Öl überall verteilt.

‼ 5 Gib das Salz in die Küchenmaschine und knete den Teig noch einmal 1 Minute. Dann ist er fertig. Nimm vorsichtig den Messereinsatz aus der Küchenmaschine.

6 Streue etwas Mehl auf eine saubere Arbeitsfläche und auch auf deine Hände. Lege den Teig auf die Arbeitsfläche und forme ihn zu einer Kugel. Lege ihn in die eingeölte Schüssel.

7 Decke die Schüssel mit Frischhaltefolie ab. Stelle den Teig 30–45 Minuten in ein warmes Zimmer, bis er aufgebläht aussieht.

WEITER GEHT'S

FLADENBROT AUS DER PFANNE
FORTSETZUNG

8 Streue wieder etwas Mehl auf die Arbeitsfläche, lege den Teig darauf und teile ihn mit einem **Metallschaber** oder **Küchenmesser** in vier gleiche Stücke. Decke die Stücke locker mit **Frischhaltefolie** ab. Forme aus den Stücken vier Fladen. Wie das geht, siehst du auf der Seite gegenüber.

9 Stelle eine **Bratpfanne (25 cm)** bei mittlerer Hitze auf den Herd, bis sie heiß ist, aber nicht raucht.

⚠ 10 Lege ein Fladenbrot in die Pfanne und brate es 1–3 Minuten, bis die Unterseite braune Flecken hat. Zum Nachsehen kannst du das Fladenbrot mit einem **Pfannenwender** etwas anheben.

11 Drehe das Fladenbrot mit dem Pfannenwender um und brate auch die andere Seite 1–3 Minuten, bis sie braune Flecken hat. Wenn die Pfanne raucht oder die Fladenbrote zu schnell dunkel werden, schalte auf schwache Hitze herunter.

12 Lege das Fladenbrot vorsichtig auf einen **großen Teller** und decke es mit einem **sauberen Geschirrtuch** zu, damit es warm bleibt. Stelle den Herd auf mittlere bis schwache Hitze ein. Brate die drei anderen Fladenbrote. Schalte danach den Herd ab. Die Fladenbrote schmecken am besten warm.

FLADENBROT MIT GESCHMACK

Fladenbrot mit Kräutern

Gib in Schritt 1 zusammen mit Mehl und Hefe noch 6 EL grob gehackte Kräuter (Seite 10) in die Küchenmaschine. Vielleicht magst du gehackten Koriander, Petersilie oder Basilikumblätter.

Fladenbrot mit Za'atar

Gib in Schritt 1 zusammen mit Mehl und Hefe noch 2 TL Za'atar in die Küchenmaschine. Za'atar ist eine Gewürzmischung aus dem Nahen Osten.

FLADENBROT FORMEN

1

Forme immer ein Stück Teig und lass die anderen unter der Frischhaltefolie, damit sie nicht austrocknen. Falte mit den Händen die Ecken des Teigstücks zur Mitte, damit es rund wird. Drücke die eingeschlagenen Ecken fest an.

2

Drehe den Teig um und ziehe ihn mit den Händen, bis du einen Kreis von etwa 18 cm Größe hast. Wenn sich der Teig zusammenzieht, lege ihn wieder unter die Folie. Warte 5 Minuten und versuche es noch einmal. Auch aus den anderen Teigstücken musst du solche Kreise formen.

FÜR 4 PERSONEN

GURKENSALAT MIT SESAM

ZUTATEN
- 1 Salatgurke
- ½ TL Salz
- 2 EL Reisessig
- 1 TL geröstetes Sesamöl
- ¾ TL Zucker
- ½ TL Sesam (wenn du magst)

Du brauchst nichts als einen guten Sparschäler, um aus einer Gurke kunstvolle Bänder zu machen. (Du kannst dieselbe Technik für Karotten und Zucchini benutzen). Salatgurken lassen sich mit ihrem festen Fleisch und wenigen Kernen leichter in Bänder schneiden. Verwende hier keine Mini-Gurken, denn ihr Fleisch ist zu wässrig und hat sehr viele Kerne.

1. Lege die Salatgurke auf ein **Schneidebrett** und schneide beide Enden mit einem **Küchenmesser** ab. Wirf die Enden weg. Schneide die Gurke quer in zwei Hälften.

2. Lege die Gurke auf das Schneidebrett und halte sie mit der Hand fest, mit der du *nicht* schreibst. Fahre mit einem **Sparschäler** von einem Ende zum anderen über die Gurke. So schneidest du lange, dünne Bänder. Wirf das erste Band weg – das ist nur Schale. Wenn du die Mitte der Gurke erreicht hast, drehe sie um und schneide noch mehr Bänder. Schneide auch die andere Hälfte der Gurke in solche Bänder.

3. Lege die Gurkenbänder in eine **große Schüssel** und streue das Salz darüber. Rühre mit einem **Löffel** sorgfältig um. Lass die Gurke 10 Minuten stehen. In dieser Zeit zieht das Salz Wasser heraus und der Salat wird schön knackig.

4. Gib inzwischen Essig, Sesamöl und Zucker in eine **kleine Schüssel** und rühre mit einem **Schneebesen**, bis der Zucker aufgelöst ist.

5. Lege die Gurkenbänder mit einer **Zange** in eine **Servierschüssel** und schüttele dabei das Wasser von den Bändern ab. Gieße die Soße über die Gurken und mische alles vorsichtig mit der Zange. Vor dem Servieren kannst du noch Sesam über den Salat streuen.

SÜSSER HUNGER

122	Cookies mit Schoko-Chips	141	Kürbiskuchen mit Ahornglasur
125	Erdnussbutter-Cookies	142	Exotische Joghurtbissen
129	Saftige Brownies	144	Milchreis
130	Muffins mit Beeren	147	Mangotorte aus dem Kühlschrank
132	Tassenkuchen mit Datteln	150	Bananeneis
135	Vietnamesischer Kokos-Toast **von Reyna Dương**	152	Warme Schokoladensoße
138	Herbstliche Früchtepfanne	153	Erdbeersoße

COOKIES MIT SCHOKO-CHIPS

FÜR 24 COOKIES

ZUTATEN

- 250 g Weizenmehl Type 812
- ¾ TL Natron
- ¾ TL Salz
- 125 g Butter, geschmolzen und abgekühlt
- 1 großes Ei + 1 großes Eigelb (Seite 17)
- 1½ TL Vanillezucker
- 180 g dunkelbrauner Zucker
- 50 g weißer Zucker
- 170 g Schoko-Chips (Zartbitter)

Du kannst diese Kekse in zwei Ladungen backen, immer nur ein Backblech, oder du frierst die Hälfte ein, nachdem du die Kekse geformt hast. Dafür kannst du das Backblech mit Frischhaltefolie abdecken und für 2 Stunden ins Tiefkühlfach stellen. Sobald der Teig gefroren ist, kannst du die Kekse in einen Zip-Beutel geben und bis zu 1 Monat im Gefrierschrank lagern. Backe die gefrorenen Kekse 2–3 Minuten länger. Mit dem etwas dunkleren Mehl Type 812 bekommst du wunderbar dicke, weiche Kekse. Aber wenn du es gerade nicht zur Hand hast, kannst du auch normales Mehl nehmen.

1. Gib Mehl und Natron und Salz in eine große Schüssel und rühre mit einem Schneebesen gut um.

2. In eine mittelgroße Schüssel gibst du geschmolzene Butter, Ei und Eigelb. Rühre wieder mit einem Schneebesen um.

3. Gib Vanillezucker, braunen und weißen Zucker zur Buttermischung und rühre mit dem Schneebesen, bis alles gleichmäßig aussieht.

4. Gib jetzt die Buttermischung zum Mehl und rühre mit einem Teigschaber, bis du kein trockenes Mehl mehr siehst.

5. Streue die Schoko-Chips auf den Teig und rühre sie unter. Stelle die Schüssel mit dem Teig für 30 Minuten in den Kühlschrank.

6. Heize den Backofen auf 165 °C vor. Lege zwei Backbleche mit Backpapier aus.

7. Nimm von dem kalten Teig mit einem Esslöffel kleine Portionen ab. Feuchte deine Hände an und rolle die Teigportionen zu kleinen Kugeln. Lege sie auf die Backbleche, aber lass etwas Platz zwischen ihnen. Lege auf jedes Blech nicht mehr als zwölf Teigkugeln.

8. Schiebe ein Backblech in den Ofen und backe die Cookies 10–12 Minuten, bis sie goldbraun sind.

WEITER GEHT'S

COOKIES MIT SCHOKO-CHIPS
FORTSETZUNG

!! 9 Ziehe **Ofenhandschuhe** an. Nimm das Backblech aus dem Ofen und stelle es auf dem Herd oder auf einem **Kuchengitter** ab. Danach kannst du das zweite Backblech in den Ofen schieben. Du kannst den Teig auch einfrieren und später backen (siehe Einleitung). Lass die Cookies auf dem Backblech ganz abkühlen. Das dauert etwa 20 Minuten. Danach könnt ihr naschen.

DÜNNE, KNUSPRIGE SCHOKO-COOKIES

Du magst am liebsten besonders knusprige Kekse? Dann kannst du diese Änderungen ausprobieren: Nimm anstelle von Mehl Type 812 ganz normales Mehl Type 405. Erhöhe den Anteil an weißem Zucker auf 150 g. Nimm 90 g hellbraunen Zucker anstelle des dunkelbraunen Zuckers. Verwende Mini-Schokoladenchips anstelle der normalen Chips. Forme in Schritt 7 mit leicht angefeuchteten Händen jede Teigportion vorsichtig zu einem 5 cm breiten Kreis (es ist nicht nötig, den Teig zuerst zu Kugeln zu rollen). Verlängere die Backzeit auf 13–15 Minuten.

 Food Storys

Ruth Wakefield eröffnete in den 1930er-Jahren das Restaurant *Toll House Inn*. Von ihren Cookies mit Schoko-Chips konnten die Gäste gar nicht genug bekommen. Als sie das Rezept in einem Kochbuch veröffentlichte, stellte ein großer Süßwarenhersteller fest, dass der Verkauf von Schokoladentafeln enorm anstieg. Die Firma fragte an, ob sie Ruths Keksrezept auf die Rückseite ihrer Verpackungen drucken dürfte und Ruth war einverstanden. Später hat diese Firma auch die Schoko-Chips entwickelt, und damit musste man dann die Schokolade nicht mehr von Hand in Stücke hacken.

ERDNUSSBUTTER-COOKIES

FÜR 24 COOKIES

Dieses Rezept funktioniert am besten mit cremiger Erdnussbutter ohne Stückchen. Erdnussmus, das nur aus Erdnüssen und ohne weitere Zutaten hergestellt wird, ist flüssiger und macht den Teig weicher. Dunkelbrauner Zucker gibt den Keksen einen karamelligen Geschmack, aber du kannst auch hellbraunen Zucker benutzen, falls du ihn gerade zur Hand hast.

1 Heize den Backofen auf 175 °C. Lege zwei **Backbleche** mit **Backpapier** aus.

2 Gib die Erdnüsse in einen **Gefrierbeutel mit Zip-Verschluss**, drücke die Luft heraus und verschließe den Beutel. Lege den Beutel auf die Arbeitsfläche und zerdrücke die Erdnüsse mit einem **Nudelholz** in kleine Stücke. Lege sie zur Seite.

3 Gib Mehl, Natron, Backpulver und Salz in eine **mittelgroße Schüssel** und rühre mit einem **Schneebesen** gut um.

4 Gib Butter, braunen und weißen Zucker in eine **große Schüssel** (wenn du ein Handrührgerät benutzt) oder in die Schüssel der **Küchenmaschine**. Setze in die Küchenmaschine das **Rührelement** ein. Rühre die Zutaten auf mittlerer Stufe, bis die Mischung locker und cremig ist. Das dauert etwa 3 Minuten. Schalte dann die Maschine aus.

5 Schabe die Masse mit einem **Teigschaber** von der Schüsselwand. Gib Erdnussbutter, Ei und Vanillezucker dazu und rühre noch einmal 30 Sekunden, bis alles gut vermischt ist. Schalte die Maschine aus.

6 Schabe wieder die Schüsselwand ab. Gib die Hälfte der Mehlmischung in die Schüssel und rühre alles auf niedriger Stufe zusammen. Halte die Maschine an, gib das restliche Mehl dazu und rühre noch einmal 30 Sekunden auf niedriger Stufe. Halte die Maschine an. Nimm das Rührelement ab und schabe den Teig, der daran klebt, in die Schüssel.

ZUTATEN

50 g geröstete Erdnüsse ohne Salz

150 g Mehl

½ TL Natron

¼ TL Backpulver

½ TL Salz

120 g weiche Butter, in 8 Stücke geschnitten

180 g dunkelbrauner Zucker

90 g weißer Zucker

135 g Erdnussbutter (mit oder ohne Stückchen)

1 großes Ei

1 TL Vanillezucker

WEITER GEHT'S

SÜSSER HUNGER

ERDNUSSBUTTER-COOKIES
FORTSETZUNG

7 Streue die zerdrückten Erdnüsse auf den Teig und rühre sie mit einem Teigschaber gut unter. Rühre dabei auch an der Wand und am Boden der Schüssel!

8 Setze mit einem **Esslöffel** zwölf Teigkleckse auf eins der Backbleche. Jeder Klecks soll 1½ Esslöffel groß sein. Nimm einen zweiten **Löffel** oder einen **kleinen Teigschaber**, um den Teig vom ersten Löffel zu schaben.

9 Fülle eine **kleine Schüssel** mit Wasser. Tauche eine **Gabel** in das Wasser. Drücke dann mit der Gabel die Teigkleckse vorsichtig flach (du musst die Gabel zwischendurch immer wieder ins Wasser tauchen, damit sie nicht am Teig festklebt). Drücke dann noch einmal in der anderen Richtung auf die Teigkleckse. Dadurch bekommen sie ein Muster aus Rillen, die sich kreuzen. Danach sollen die Cookies noch etwa 6 mm dick sein.

10 Schiebe das Backblech in die Mitte des Ofens. Backe die Cookies 11–13 Minuten, bis sie am Rand hellbraun und in der Mitte aufgegangen sind.

11 Inzwischen kannst du aus dem restlichen Teig Cookies für das zweite Backblech formen (wie in Schritt 8 und 9).

!! 12 Wenn das erste Backblech fertig ist, ziehe **Ofenhandschuhe** an. Nimm das Backblech aus dem Ofen und stelle es auf dem Herd oder auf einem **Kuchengitter** ab. Lass die Cookies 30 Minuten auf dem Backblech abkühlen.

13 Schiebe das zweite Backblech in den Ofen (oder decke es mit Frischhaltefolie ab und friere die Cookies ein; siehe Einleitungstext auf Seite 122).

SAFTIGE BROWNIES

FÜR 16 BROWNIES

Ungesüßtes Kakaopulver macht diese Brownies so schön weich und dunkelbraun. Wenn du Rohkakao verwendest, werden deine Brownies trockener und heller. Es ist schwer, mit dem Essen zu warten, bis die Brownies vollständig abgekühlt sind – aber es lohnt sich, denn dann sind sie besonders weich und saftig!

ZUTATEN

- 3 EL Butter, geschmolzen und abgekühlt (Seite 17)
- 7 EL Pflanzenöl
- 2 große Eier
- 300 g Zucker
- 55 g ungesüßtes Kakaopulver
- 140 g Mehl
- ¼ TL Salz
- 55 g Schoko-Chips (Zartbitter)

1. Schiebe einen Rost in die Mitte des Backofens. Heize den Ofen auf 165 °C vor. Lege eine **Backform (20 × 20 cm)** mit **Backpapier** aus und lass die Folie über den Rand der Form hinausragen.

2. Gib Butter, Öl und Eier in eine **große Schüssel** und rühre mit einem **Schneebesen** sorgfältig um.

3. Gib Zucker, Kakaopulver, Mehl und Salz dazu und rühre wieder mit dem Schneebesen, bis alles gut vermischt ist und du kein trockenes Mehl oder Kakaopulver mehr siehst.

4. Streue die Schoko-Chips auf den Teig und rühre sie mit einem **Teigschaber** gut unter.

5. Fülle den Teig in die vorbereitete Backform und streiche ihn glatt.

6. Schiebe die Backform in den Ofen. Backe den Teig 30–35 Minuten. Wenn du mit einem Holzstäbchen in die Mitte stichst, darf kein Teig mehr daran kleben.

7. ⚠️ Ziehe **Ofenhandschuhe** an. Nimm die Backform aus dem Ofen und stelle sie auf dem Herd oder auf einem **Kuchengitter** ab. Lass die Brownies 1 Stunde abkühlen.

8. Hebe den Kuchen mit der Alufolie aus der Form und lege ihn auf ein **Schneidebrett**. Schneide ihn in kleine Stücke. Guten Appetit!

📣 Fun Food Fact

Brownies wurden erstmals 1906 in einem Kochbuch erwähnt … und das Rezept war ohne Schokolade! Es wurde von der Köchin Fannie Farmer geschrieben und war für Kekse mit Melasse. Zehn Jahre später hat Fannie ein Brownie-Rezept mit Schokolade veröffentlicht, aber es war trotzdem nicht so schokoladig wie unseres!

SÜSSER HUNGER

FÜR 12 MUFFINS

MUFFINS MIT BEEREN

ZUTATEN

360 g Mehl

150 g Zucker

2 TL Vanillezucker

2 TL Backpulver

1 TL Salz

360 ml Milch

120 ml Pflanzenöl

2 große Eier

150 g Heidelbeeren, Himbeeren, Brombeeren, gehackte Erdbeeren (oder eine Mischung)

1 EL grober brauner Zucker (wenn du magst)

Für dieses Rezept kannst du frische oder tiefgefrorene Beeren verwenden. Wenn du gefrorene nimmst, taue sie auf und trockne sie mit Küchenpapier ab, bevor du sie in die Rührschüssel gibst. Dafür kannst du ein Backblech mit Küchenpapier auslegen, die Beeren darauf verteilen und etwa 20 Minuten stehen lassen. Falls du große Himbeeren oder Heidelbeeren verwendest, schneide sie in der Mitte durch. Nimmst du Erdbeeren, dann zupfe den Stiel ab und schneide sie in 1 cm große Stücke. Mit grobem Zucker bestreut werden die Muffins knuspriger, aber falls du keinen hast, kannst du auch normalen Zucker verwenden (oder diesen Schritt weglassen, dann werden sie weniger süß).

1 Schiebe einen Rost in die Mitte des Backofens und heize den Ofen auf 220 °C. Setze Papierförmchen in ein 12er-Muffinblech.

2 Mische Mehl, Zucker, Vanillezucker Backpulver und Salz in einer großen Schüssel. Gib Milch, Öl und Eier in eine mittelgroße Schüssel und rühre mit einem Schneebesen gut um.

3 Gib die Beeren zur Mehlmischung und rühre mit einem Teigschaber, bis sie ganz von Mehl umhüllt sind. Das ist wichtig, damit sie nicht auf den Boden der Muffinförmchen sinken.

4 Gieße die Milchmischung zur Mehlmischung und rühre mit dem Teigschaber, bis alles gut vermischt ist und du kein trockenes Mehl mehr siehst. Rühre auch an Wand und Boden der Schüssel, denn da versteckt sich oft noch Mehl.

5 Verteile den Teig gleichmäßig in die Förmchen. Wenn du möchtest, kannst du die Oberfläche noch mit etwas grobem braunem Zucker bestreuen.

6 Schiebe das Blech in den Ofen und backe die Muffins 18–20 Minuten, bis sie goldbraun sind. Wenn du mit einem Holzstäbchen in die Mitte stichst, darf beim Herausziehen kein Teig daran kleben.

!! 7 Ziehe **Ofenhandschuhe** an. Nimm das Blech aus dem Ofen und stelle es auf ein **Kuchengitter**. Lass die Muffins 15 Minuten in den Förmchen abkühlen.

8 Nimm die Muffins aus den Förmchen und setze sie direkt auf das Kuchengitter. Vorsicht, sie sind noch heiß! Lass sie mindestens 10 Minuten abkühlen. Du kannst sie lauwarm essen oder ganz abkühlen lassen.

FÜR 1 PERSON

TASSENKUCHEN MIT DATTELN

ZUTATEN

- 40 g Datteln ohne Kerne, gehackt
- 1 EL Wasser
- 1 EL Butter, in 4 Stücke geschnitten
- 1 Messerspitze Natron
- 1 Ei
- ¼ TL Vanillezucker
- 1 EL plus 2 EL dunkelbrauner Zucker
- 1½ TL plus 2 EL Sahne
- 25 g Mehl
- ¼ TL Backpulver
- Salz

Dieser Tassenkuchen kommt aus England und heißt dort „Sticky Toffee Pudding", obwohl er gar kein Pudding ist. Er wird mit Datteln und braunem Zucker zubereitet und normalerweise im Ofen gebacken und danach mit Karamellsoße übergossen. Unsere Version ergibt eine Einzelportion in der Mikrowelle in weniger als 10 Minuten, du kannst diese britische Süßigkeit also jederzeit genießen. Es ist wichtig, dass du dafür eine große Tasse nimmst, in die mindestens 350 ml passen, damit nichts über den Rand läuft und die Mikrowelle dreckig macht.

1. Gib Datteln und Wasser in einen großen **mikrowellengeeigneten Becher (350 ml)**. Erhitze die Mischung 1 Minute in der Mikrowelle, bis das Wasser brodelt und dampft.

2. Ziehe **Ofenhandschuhe** an und nimm den Becher aus der Mikrowelle. Rühre Butterstückchen und Natron mit einem **Löffel** unter. Das zischt ein bisschen. Warte 1 Minute, bis die Butter geschmolzen ist.

3. Schlage das Ei in eine **kleine Schüssel** und rühre mit einer **Gabel**, bis es einfarbig gelb ist. Miss 2 EL verquirltes Ei ab und gib es in den Becher. (Mit dem restlichen Ei kannst du einen Tassenkuchen für eine Freundin backen.) Gib Vanillezucker, 1 EL braunen Zucker und 1½ TL Sahne dazu und rühre gut um.

4. Gib Mehl, Backpulver und eine Prise Salz dazu und rühre um, bis du kein trockenes Mehl mehr siehst.

5. Gib 2 EL braunen Zucker, 2 EL Sahne und eine Prise Salz in eine **zweite kleine Schüssel**. Rühre mit einem **sauberen Löffel** um. Gib die Mischung auf den Kuchenteig im Becher.

6. Backe den Kuchen 1–1½ Minuten in der Mikrowelle, bis der Kuchen aufgegangen und fest ist, die Karamellsoße aber noch flüssig ist. Nimm den Becher mit Ofenhandschuhen aus der Mikrowelle. Lass den Kuchen 1 Minute abkühlen, bevor du ihn probierst.

WIE SCHMECKT'S?

„Das Rezept war schnell gemacht und man kann jede Tasse nehmen, die man mag. Durch die cremige Karamellsoße war der Kuchen so saftig!" – Savannah, 11 Jahre

ICH BIN REYNA DU'O'NG

Als Reyna fünf Jahre alt war, hat sie sich einen Küchenstuhl an die Spüle gestellt, um an den Wasserhahn heranzukommen. Dort hat sie ein großes Sieb voll Bohnensprossen gewaschen. Es war der erste Schritt für ihr Lieblingsessen – Bohnensprossen mit weißem Reis und Fischsoße.

Inzwischen leitet Reyna zwei Restaurants in Dallas (Texas). Außerdem unterstützt sie das *Hugs Café*, ein Non-Profit-Unternehmen, wo Erwachsene mit Entwicklungsstörungen Fähigkeiten erlernen, mit denen sie in der Lebensmittelindustrie arbeiten können. Sie serviert vietnamesisches Essen, das sie als „pikant, lebendig und wohltuend" beschreibt. In ihren Restaurants arbeiten Menschen mit Einschränkungen, wie ihr Bruder Sang, der Trisomie 21 hat. Mit ihm kocht Reyna am liebsten.

Reyna ist stolz darauf, in der von Männern dominierten Welt des Kochens eine Führungsfigur zu sein. Mit allem was sie tut, möchte sie andere frauengeführte Firmen und Unternehmerinnen unterstützen. Dadurch ist sie ein Vorbild für die Frauen und Mädchen in ihrer Community.

Reynas Ehrengäste bei einer Rebel-Girls-Party wären die Schriftstellerin und Bürgerrechtlerin Maya Angelou und Reynas Má. Sie würde drei Versionen von Xíu Mai servieren, vietnamesischen Hackbällchen.

VIETNAMESISCHER KOKOS-TOAST

FÜR 4–6 PERSONEN

„Als Kind habe ich gern Baguette und Kondensmilch genascht. Mein vietnamesischer Kokos-Toast ist eine coole Variante davon, die ich meinen wundervollen Kunden erstmals im *Sandwich Hag,* meinem Restaurant in Dallas, vorgestellt habe. Er ist das perfekte Geschmackserlebnis aus dünnem, knusprigen Brot, das leicht süßlich und ein bisschen salzig ist. Schau in einem Asia-Laden nach vietnamesischem Baguette oder nimm Baguettebrötchen. Du kannst auch Kastenweißbrot verwenden. Nimm unbedingt ungesüßte cremige Kokosmilch aus der Dose, keine Kokosnusscreme mit Zucker (sie ist dickflüssiger und für dieses Gericht zu süß)." Reyna Dương

ZUTATEN

3 Baguettebrötchen (siehe Einleitung)

120 g cremige Kokosmilch (siehe Einleitung)

5 EL Zucker

40 g gesüßte Kokosraspel

55 g geröstete Erdnüsse ohne Salz

1 TL Sesam

1 TL Salz

120 ml gezuckerte Kondensmilch, zimmerwarm

1 Heize den Backofen auf 175 °C vor.

‼ 2 Lege die Baguettebrötchen auf ein Schneidebrett. Schneide sie mit einem Brotmesser schräg in 12–16 Scheiben, die 2½ cm dick sind.

3 Gib Kokosmilch und Zucker in einen kleinen Topf und bringe sie bei mittlerer Hitze auf dem Herd zum Köcheln (bis kleine Blasen an der Oberfläche erscheinen). Rühre mit einem Kochlöffel, bis der Zucker aufgelöst ist. Schalte den Herd ab und nimm den Topf vom Herd.

4 Gib die Kokosraspel in eine Pfanne (25 cm). Röste sie bei mittlerer Hitze, bis sie hell goldbraun sind. Rühre dabei mit einem Kochlöffel. Schalte den Herd ab. Schütte die Kokosraspel auf einen großen Teller.

5 Schütte die Erdnüsse in die leere Pfanne. Röste sie bei mittlerer Hitze, bis sie braune Flecken bekommen. Dabei musst du oft mit dem Kochlöffel umrühren. Gib den Sesam dazu und röste ihn 1–3 Minuten, bis er goldbraun ist. Schalte den Herd ab. Nimm die Pfanne vom Herd und lass die Mischung abkühlen, bis sie zimmerwarm ist.

6 Schütte die Mischung in einen Mörser und gib das Salz dazu. Stampfe mit dem Stößel, bis die Erdnüsse grob zerdrückt sind. (Wenn du keinen Mörser hast, gib die Mischung in einen Gefrierbeutel mit Zip-Verschluss. Drücke die Luft heraus und verschließe den Beutel. Dann kannst du die Erdnüsse mit einem Nudelholz zerdrücken.

SÜSSER HUNGER

VIETNAMESISCHER KOKOS-TOAST
FORTSETZUNG

7. Lege ein **Backblech** mit **Backpapier** aus. Lege die Brotscheiben nebeneinander auf das Blech. Schiebe das Blech in den Ofen und backe das Brot 1–3 Minuten, bis es trocken, aber nicht braun ist.

8. Ziehe **Ofenhandschuhe** an. Nimm das Backblech aus dem Ofen und stelle es auf dem Herd oder auf einem **Kuchengitter** ab. Drehe die Brotscheiben mit einer **Zange** vorsichtig um.

9. Schiebe das Backblech mit Ofenhandschuhen wieder in den Ofen. Backe es 1–3 Minuten, bis auch die andere Seite trocken ist. Nimm das Blech mit Ofenhandschuhen aus dem Ofen und stelle es wieder auf dem Herd oder auf einem Kuchengitter ab.

10. Sei nun vorsichtig, das Backblech ist noch heiß! Gib auf jede Brotscheibe 1 TL der Kokoscreme-Mischung. Nicht mehr, sonst weicht das Brot auf. Streue auf jede Scheibe 1 TL Kokosraspel, träufele darauf 1 TL Kondensmilch und bestreue alles mit 1 TL der Erdnussmischung.

11. Schiebe das Blech mit Ofenhandschuhen wieder in den Ofen. Backe die Brotscheiben 10–15 Minuten, bis die Ränder goldbraun werden und die Kokoscreme zu brodeln beginnt. Nimm das Backblech aus dem Ofen und stelle es auf dem Herd oder auf einem Kuchengitter ab.

12. Lege auf jeden Teller vier Brotscheiben und beträufele sie mit etwas mehr Kondensmilch. Streue dann noch ein bisschen von den Kokosraspeln und der Erdnussmischung darauf. Sofort servieren!

Was Reyna gerne gewusst hätte, als sie angefangen hat, Kochen zu lernen? „Wie viel Spaß es macht, mit meiner Familie und meinen Freunden zu kochen."

SÜSSER HUNGER

FÜR 6 PERSONEN

HERBSTLICHE FRÜCHTEPFANNE

ZUTATEN

Topping
60 g Mehl
25 g Haferflocken
45 g brauner Zucker
1 Prise Salz
1 Prise gemahlener Zimt
4 EL Butter, geschmolzen (Seite 17)

Füllung
450 g Äpfel, geschält
225 g Birnen, geschält
1 TL Zitronensaft (Seite 15)
1 TL Speisestärke
½ TL chinesisches Fünf-Gewürze-Pulver
¼ TL gemahlener Ingwer
2 EL brauner Zucker
1 Prise Salz
40 g getrocknete Cranberrys (wenn du magst)
2 EL Butter
Schlagsahne (Seite 148) oder Vanilleeis zum Servieren (wenn du magst)

Äpfel und Birnen sind im Herbst am leckersten. Du kannst jede süße, knackige Apfelsorte nehmen, zum Beispiel Golden Delicious, Gala oder Pink Lady. Für die Birnen eignen sich die Sorten William's Christ, Abate oder Butterbirnen. Nimm feine Haferflocken (Instant-Haferflocken würden aufweichen und kernige Haferflocken wären zu hart).

1. **Topping:** Gib Mehl, Haferflocken, braunen Zucker, Salz und Zimt in eine **mittelgroße Schüssel** und rühre gut um.

2. Gib die geschmolzene Butter dazu und mische alles mit einer **Gabel** (oder den Fingern), bis du kein Mehl mehr siehst und die Mischung Klumpen bildet.

3. Gib die Mischung in eine **Pfanne (25 cm)**. Röste sie bei mittlerer bis schwacher Hitze 6–8 Minuten, bis sie goldbraun ist. Rühre dabei oft mit einem **Pfannenwender** um.

4. ‼ Gib die Mischung auf einen **Teller** und verteile sie mit dem Pfannenwender. (Die Pfanne nicht abwaschen, du brauchst sie in Schritt 7 wieder.)

5. **Füllung:** Stelle die geschälten Äpfel mit dem Stiel nach oben auf ein **Schneidebrett**. Schneide mit einem **Küchenmesser** von jedem Apfel vier große Stücke ab. Das Kerngehäuse bleibt übrig. Wirf es weg. Lege die Stücke mit der flachen Seite nach unten auf das Schneidebrett und schneide sie in 1 cm dicke Scheiben. Dasselbe machst du mit den Birnen.

6. Gib Zitronensaft, Speisestärke, Fünf-Gewürze-Pulver, Ingwer, braunen Zucker und Salz in eine **große Schüssel** und rühre gut um. Gib Äpfel, Birnen und Cranberrys (wenn du möchtest) dazu. Rühre, bis die Obststücke mit der Zuckermischung umhüllt sind.

7. ‼ Lass die Butter bei mittlerer bis schwacher Hitze in der Pfanne schmelzen. Halte den Griff mit einem **Topflappen** und schwenke die Pfanne, damit sich die Butter verteilt. Stelle die Pfanne wieder auf den Herd.

8. Gib die Obststücke in die Pfanne und brate sie bei mittlerer bis schwacher Hitze 15 Minuten, bis sie weich sind. Rühre zwischendurch mit dem Pfannenwender um. Schalte den Herd ab. Nimm die Pfanne vom Herd und lass das Obst 5 Minuten abkühlen.

9 Streue das Topping über das Obst und serviere es warm mit Schlagsahne oder Vanilleeis (wenn du möchtest).

APFELPFANNE

Nimm 675 g Äpfel und lass Birnen und Cranberrys weg. Tausche das Fünf-Gewürze-Pulver gegen gemahlenen Zimt aus.

WIE SCHMECKT'S?
„Das finde ich total lecker!"
– Hannah, 8 Jahre

KÜRBISKUCHEN MIT AHORNGLASUR

FÜR 12 STÜCKE

Dieser Kuchen sieht kompliziert aus, dabei ist der Teig im Handumdrehen zusammengerührt.

1. Schiebe einen Rost in die Mitte des Backofens und heize den Ofen auf 175 °C vor. Fette eine **quadratische Backform (20 × 20 cm)** ein und lege ihren Boden mit **Backpapier** aus.

2. Gib Mehl, Zimt, Backpulver, Natron, Salz und Muskatnuss in eine **mittelgroße Schüssel** und rühre gut um.

3. Gib Kürbispüree, braunen Zucker, Öl, 80 ml Ahornsirup und die Eier in eine **große Schüssel**. Rühre wieder um.

4. Schütte die Mehlmischung in die große Schüssel und rühre mit einem **Teigschaber**, bis du kein trockenes Mehl mehr siehst.

5. Fülle den Teig in die vorbereitete Backform um und streiche ihn mit dem Teigschaber glatt.

6. Schiebe den Kuchen in den Ofen und backe ihn 30–35 Minuten. Stich mit einem Holzstäbchen in die Mitte. Wenn beim Herausziehen kein Teig daran klebt, ist der Kuchen fertig.

7. Wenn der Kuchen im Ofen ist, gibst du den Puderzucker und den restlichen Ahornsirup in eine **kleine Schüssel**. Rühre mit dem Schneebesen, bis keine Klümpchen mehr zu sehen sind.

!! 8. Ziehe **Ofenhandschuhe** an. Nimm die Backform aus dem Ofen und stelle sie auf dem Herd oder auf einem **Kuchengitter** ab.

9. Lass den Kuchen in der Form 1½ Stunden stehen, bis er ganz abgekühlt ist. Löse dann seinen Rand mit einem **Tafelmesser** von der Form. Stürze den Kuchen aus der Form und ziehe das Backpapier ab. Lege den Kuchen richtig herum auf eine **Tortenplatte** oder ein **Schneidebrett**.

10. Träufele die Glasur mit einem **Löffel** auf den Kuchen. Danach kannst du ihn noch mit gerösteten Nüssen bestreuen. Lasst es euch schmecken.

ZUTATEN

Butter oder Öl für die Form

120 g Mehl

1 TL gemahlener Zimt

1 TL Backpulver

½ TL Natron

½ TL Salz

¼ TL gemahlene Muskatnuss

230 g ungesüßtes Kürbispüree (aus dem Glas)

135 g hellbrauner Zucker

120 ml Pflanzenöl

160 ml Ahornsirup

2 große Eier

50 g Puderzucker

30 g gehackte, geröstete Walnuss- oder Pekannusskerne (wenn du magst)

SÜSSER HUNGER

FÜR 12 STÜCKE

EXOTISCHE JOGHURTBISSEN

ZUTATEN

500 g griechischer Joghurt (Vollfettstufe)

100 g Honig

½ TL Kokosaroma

2 Prisen Salz

170 g Ananas- oder Mangostücke, mit Küchenpapier abgetrocknet

2 EL gesüßte Kokosraspel

Für dieses Rezept ist es egal, ob die Früchte frisch, aus der Dose oder tiefgefroren sind. Plane genug Zeit ein: Die Masse muss mindestens 4 Stunden (am besten über Nacht) gefroren werden, bevor du sie zerbrechen und servieren kannst.

1 Lege eine **Backform (23 × 33 cm)** oder ein **kleines Backblech mit Rand** mit **Backpapier** aus. Lass das Papier etwas überstehen (dann kannst du die Masse später leichter herausnehmen).

2 Gib Joghurt, Honig, Kokosaroma und Salz in eine **mittelgroße Schüssel** und rühre mit einem **Schneebesen** gründlich um.

3 Fülle die Mischung mit einem **Teigschaber** in die vorbereitete Form, verteile sie und streiche sie glatt. Bestreue sie gleichmäßig mit Ananas oder Mango und Kokosraspeln.

4 Bedecke die Form mit **Frischhaltefolie** und stelle sie mindestens 4 Stunden ins Gefrierfach, bis die Masse fest ist.

5 Nimm die Form aus dem Gefrierfach und hebe die Masse mit dem überstehenden Papier heraus. Lege sie auf die Arbeitsfläche oder auf ein **Schneidebrett**. Brich die Platte in kleine Stücke. Dabei musst du schnell sein, damit die Masse nicht schmilzt. Serviere die Bissen oder verpacke sie in eine Gefrierbox oder einen Gefrierbeutel. Im Gefrierfach kannst du sie 1 Monat lang aufbewahren.

JOGHURTBISSEN MIT BEEREN

Nimm ½ TL Vanillezucker anstelle des Kokosaromas. Ersetze die Ananas oder Mango durch 170 g Beeren (Heidelbeeren, Himbeeren, Brombeeren und Erdbeerscheiben oder eine Mischung). Große Himbeeren oder Brombeeren musst du durchschneiden, bevor du sie auf den Joghurt streust. Lass die gesüßten Kokosraspel weg.

Die deutsche Naturschützerin Loki Schmidt ist auf der Suche nach seltenen Pflanzen durch die ganze Welt gereist. 1985 entdeckte sie auf einer Reise nach Mexiko eine bisher unbekannte Ananassorte. Ihr zu Ehren wurde sie *Pitcairnia lokischmidtii* genannt!

FÜR 4 PERSONEN

ARROZ CON LECHE
Milchreis

Milchreis wird auf der ganzen Welt gegessen. In Lateinamerika wird das Gericht *arroz con leche* oder *arroz con dulce* genannt und normalerweise mit Zitronenschale, Kondensmilch und/oder Rosinen gemacht. Die Kondensmilch macht den Milchreis cremig, während die Rosinen sich beim Kochen vollsaugen und weich werden.

ZUTATEN

- 100 g weißer Langkornreis
- 2 EL Butter
- 500 ml Milch
- 180 ml Kondensmilch
- 50 g Zucker
- 50 g Rosinen, plus mehr zum Servieren (wenn du magst)
- 1 Zimtstange
- ½ TL abgeriebene Schale von einer Bio-Orange (Seite 15)
- ¼ TL Vanillezucker
- ¼ TL Salz
- gemahlener Zimt (wenn du magst)

1 Stelle ein **großes, feines Sieb** in die Spüle. Schütte den Reis in das Sieb und spüle ihn unter fließendem kaltem Wasser 1–2 Minuten, bis klares Wasser herausläuft. Schüttele das Sieb, damit der Reis gut abtropft.

2 Gib die Butter in einen **mittelgroßen Topf** und lass sie bei mittlerer bis schwacher Hitze schmelzen. Gib den Reis dazu und erhitze ihn 2 Minuten, bis er durchsichtig wird und ein bisschen nussig duftet. Dabei musst du oft mit einem **Kochlöffel** umrühren.

3 Gib Milch, Kondensmilch, Rosinen (wenn du möchtest), Zimtstange, Orangenschale, Vanillezucker und Salz dazu. Rühre gut um.

4 Wenn die Mischung köchelt (wenn sich kleine Bläschen an der Oberfläche zeigen), schalte auf schwache Hitze herunter. Lass den Reis 30–35 Minuten köcheln, bis er dick ist. Rühre zwischendurch um. Schalte dann den Herd ab und nimm den Topf vom Herd.

5 Lass den Milchreis 10 Minuten abkühlen. Wirf die Zimtstange weg. Fülle den Reis in Schälchen. Dann darf jeder selbst Rosinen und/oder Zimt darauf streuen.

Fun Food Fact

Orangenschale kann man als Gewürz verwenden. Aber die südafrikanische Erfinderin Kiara Nirghin hatte eine ganz andere Idee: Sie hat aus Orangen- und Avocadoschale ein supersaugfähiges Material gemacht, das hilft, den Boden für Nutzpflanzen feucht zu halten – auch bei Dürre. Dank ihrem Erfindergeist können Bauern bei trockenem Wetter mehr anbauen.

MANGOTORTE
AUS DEM KÜHLSCHRANK

FÜR 9–12 STÜCKE

Auf den Philippinen wird diese no-bake-Torte aus dem Kühlschrank traditionell mit kleinen, süßen, ovalen Carabao- oder Manila-Mangos gemacht. Du kannst diese Sorten nehmen, falls du sie bekommst. Auf jeden Fall müssen die Mango richtig schön reif und weich sein. Nimm keine tiefgefrorenen Mango-Stücke – sie sind zu fest. Plane genug Zeit ein: Die Torte muss mindestens 12 Stunden im Kühlschrank stehen, bevor du es servierst. Falls du eine festere Torte möchtest, die mehr wie Eiscreme ist, stelle die Backform 1 Stunde vor dem Servieren in den Gefrierschrank.

ZUTATEN

480 ml Schlagsahne

180 ml gezuckerte Kondensmilch

3 große, 4 mittlere oder 5 kleine reife Mangos (siehe Einleitung)

2 Päckchen Sahnesteif

½ TL Vanillezucker

1 Prise Salz

etwa 16 Graham-Cracker oder 36 Vollkorn-Butterkekse

1 Stelle eine **große Schüssel** (wenn du ein **Handrührgerät** benutzt) oder die Schüssel der **Küchenmaschine** in den Kühlschrank, damit sie schön kalt wird. Am besten ist eine Schüssel aus Metall.

2 Miss Sahne und Kondensmilch ab, gib sie in zwei Becher und stelle beide mindestens 15 Minuten in den Kühlschrank.

!! 3 Schneide inzwischen die Mangos in 1 cm große Stücke. Wie es gemacht wird, siehst du auf Seite 149.

4 Wenn Schüssel, Sahne und Kondensmilch kalt sind, kannst du die Sahne steif schlagen (Seite 148).

5 Gib Kondensmilch, Sahnesteif, Vanillezucker und Salz zur Schlagsahne. Schlage alles auf hoher Stufe 2–5 Minuten. Wenn du den Rührbesen anhebst, sollen steife Spitzen stehen bleiben und nicht gleich wieder umfallen.

6 Lege eine Schicht Graham-Cracker in eine **quadratische Backform (20 × 20 cm)**. Brich sie in Stücke, um den Boden ganz auszufüllen. Es macht nichts, wenn kleine Lücken bleiben oder die Cracker sich ein bisschen überlappen.

7 Gib ein Drittel der Sahnemischung auf die Cracker und verteile sie mit einem **Teigschaber** gleichmäßig. Streue darauf ein Drittel der Mangostücke.

WEITER GEHT'S

SÜSSER HUNGER

MANGOTORTE
FORTSETZUNG

8 Wiederhole Schritt 6 und 7 noch zweimal, bis Graham-Cracker, Sahne und Mangostücke verbraucht sind. Deine Torte hat jetzt drei Schichten.

9 Decke die Form mit **Frischhaltefolie** ab und stelle sie in den Kühlschrank. Jetzt musst du 12–24 Stunden warten. Nimm danach die Frischhaltefolie ab und schneide die Mangotorte mit einem **Brotmesser** in Stücke. Serviere sie auf Kuchentellern.

SCHLAGSAHNE

Gieße die Sahne in eine **gekühlte große Schüssel** oder die Schüssel einer **Küchenmaschine**. Setze den **Schneebesen** ein. Schlage die Sahne auf mittlerer bis niedriger Stufe etwa 1 Minute, bis sich schaumige Blasen bilden. Schalte dann auf hohe Stufe um und schlage die Sahne 1–3 Minuten, bis sie steif wird und du kleine Wellen sehen kannst. Wenn die Sahne spritzt, kannst du ein **sauberes Geschirrtuch** über die Schüssel hängen, um die Tropfen aufzufangen. Halte die Maschine an und hebe den Schneebesen aus der Sahne. Wenn die Sahne am Schneebesen hängt und steife Spitzen bildet, die nicht gleich wieder zusammenfallen, ist sie fertig. Wenn die Spitzen weich sind und umfallen, schlage weiter und kontrolliere nach 30 Sekunden noch einmal.

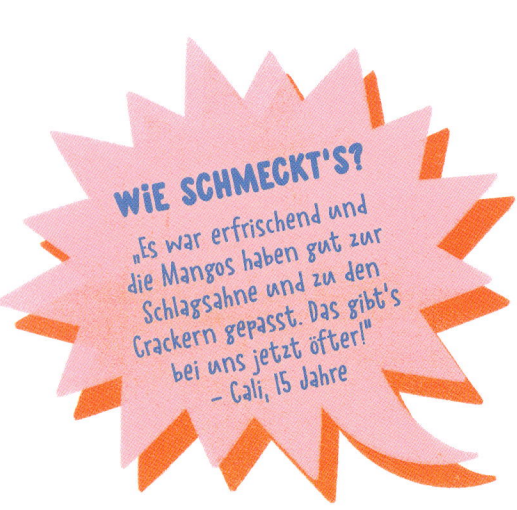

WIE SCHMECKT'S?

„Es war erfrischend und die Mangos haben gut zur Schlagsahne und zu den Crackern gepasst. Das gibt's bei uns jetzt öfter!"
– Cali, 15 Jahre

SÜSSER HUNGER

EINE MANGO IN STÜCKE SCHNEIDEN

1

Lege eine Mango auf ein Schneidebrett, der Stiel zeigt zu dir. Setze ein Küchenmesser direkt neben dem Stiel an. Schneide eine Hälfte der Mango ab. Dabei musst du der Rundung des Kerns folgen. Drehe die Mango und schneide die andere Hälfte ab. Dann bleibt der längliche, flache Kern übrig, an dem noch etwas Fruchtfleisch hängt. Knabbere das Fruchtfleisch ab und wirf den Kern weg.

2

Schneide mit einem Tafelmesser der Länge nach drei bis vier Linien in das Fruchtfleisch (aber nicht die Schale durchschneiden!). Schneide in der anderen Richtung vier bis sechs Linien hinein. So entsteht ein Rastermuster mit Vierecken, die etwa 1 cm groß sind.

3

Drücke mit den Fingern von unten gegen die Schale. Die Mangohälfte stülpt sich um.

4

Halte die Mango über eine mittelgroße Schüssel. Schabe die Mangostücke mit einem Löffel von der Schale und lass sie in die Schüssel fallen. Wiederhole dasselbe mit der anderen Hälfte. Wiederhole danach Schritt 1–3 mit den anderen Mangos.

BANANENEIS

FÜR ETWA 500 ML

ZUTATEN
3 große reife Bananen

Weil dieses Rezept aus NUR EINER Zutat besteht (!) ist es wichtig, dass die Bananen sehr reif und süß sind. Nimm weiche Bananen mit vielen schwarzen oder braunen Flecken auf der Schale. Plane genug Zeit ein: Die Bananen müssen mindestens 8 Stunden im Gefrierfach liegen, bevor du aus ihnen Eis zubereiten kannst. Wenn du möchtest, kannst du dein Bananeneis für einen Eisbecher mit Schlagsahne (Seite 148), warmer Schokoladensoße (Seite 152) und/oder Erdbeersoße (Seite 153) verwenden.

1 Schäle die Bananen und lege sie auf ein Schneidebrett. Schneide sie mit einem Tafelmesser in 1 cm dicke Scheiben. Lege die Bananenscheiben in einen Gefrierbeutel oder eine Gefrierbox. Stelle sie mindestens 8 Stunden (besser über Nacht) ins Gefrierfach, bis sie hart gefroren sind.

2 Nimm die Bananenscheiben aus dem Gefrierfach und gib sie in die Küchenmaschine. Warte 10 Minuten, bis sie etwas weicher sind.

3 Setze den Deckel auf die Küchenmaschine. Drücke den Intervallschalter 15-mal eine Sekunde lang, bis die Bananen in kleine Stückchen zerhackt sind.

4 Mixe die Mischung dann 4 Minuten, bis sie ganz glatt und cremig ist (etwa wie Softeis). Halte die Maschine zwischendurch an und schabe die Masse mit einem Teigschaber von der Becherwand. Jetzt kannst du noch Zutaten für den Geschmack (Seite 151) dazugeben. Lass die Küchenmaschine dann noch einmal 30 Sekunden laufen, um die Zutaten unterzurühren.

!! 5 Schalte das Gerät aus und nimm den Deckel ab. Entferne vorsichtig den Messereinsatz. Fülle dein Bananeneis in eine Gefrierbox. Du kannst es gleich probieren, aber es ist jetzt sehr weich. Du kannst es auch wieder einfrieren. Nach 4 Stunden lässt es sich gut zu Kugeln formen, und es hält sich im Gefrierfach bis zu 5 Tage. Serviere es in kleinen Schälchen.

LUST AUF EINEN ANDEREN GESCHMACK?

Am Ende von Schritt 4 kannst du 2 EL Erdnussmus, Honig, Nuss-Nougat-Creme oder gezuckerte Kondensmilch und eine Prise gemahlenen Zimt zum Eis geben. Oder schau dich einfach in eurer Küche um, vielleicht kommst du auf andere Ideen.

WIE SCHMECKT'S?
„Kaum zu glauben, dass es nur aus Bananen ist." – Isabelle, 8 Jahre

FÜR 240 ML

WARME SCHOKOLADENSOSSE

ZUTATEN

- 100 g Zucker
- 80 ml Kochsahne (10 % Fett)
- 30 g ungesüßtes Kakaopulver
- 6 EL Schoko-Chips (Zartbitter)
- 2 EL Butter
- ½ TL Vanillezucker
- ¼ TL gemahlener Zimt (wenn du magst)
- 2 Prisen Salz

Diese intensive, schokoladige Soße ist einfacher zubereitet, als du denkst. Falls du übrig gebliebene Soße wieder heiß machst, pass auf, dass du sie nicht zu lange erhitzt, sonst trennt sie sich. Die Soße schmeckt gut zum Bananeneis (Seite 150) und bestimmt auch zu anderen Desserts, die du gern isst.

1 Gib alle Zutaten in einen **kleinen Topf**.

2 Erhitze die Mischung bei mittlerer bis schwacher Hitze 5 Minuten, bis die Schokolade geschmolzen ist. Dabei musst du immerzu mit einem **Teigschaber** rühren.

3 Schalte den Herd aus. Nimm den Topf vorsichtig vom Herd. Lass die Soße 5 Minuten abkühlen und serviere sie warm. (Reste der Soße kannst du in einer Gefrierbox 1 Monat einfrieren. Erwärme sie vor dem Servieren in der Mikrowelle. Rühre alle 10 Sekunden um, bis sie wieder flüssig ist.)

Fun Food Fact

Als Erin Hamlin, die bereits eine Olympiamedaille im Rennrodeln gewonnen hatte, zum ersten Mal Weltmeisterin wurde, hat das Eiscafé in ihrer Heimatstadt Remsen in New York einen Eisbecher nach ihr benannt. Er enthielt neben Schokokeksen, Erdnussbutter und Schlagsahne – natürlich – auch warme Schokoladensoße.

ERDBEERSOSSE

FÜR 240 ML

Gib diese süße Soße über Bananeneis (Seite 150), Mini-Pancakes (Seite 59) oder Arme Ritter (Seite 60). Die Erdbeeren müssen vor dem Kochen nicht aufgetaut werden. Du kannst anstelle von gefrorenen Erdbeeren auch eine gefrorene Beerenmischung oder frische Erdbeeren nehmen – die musst du aber zuerst waschen, den Stiel abzupfen, dann die Erdbeeren klein schneiden und die Kochzeit in Schritt 1 auf 3–4 Minuten verkürzen.

ZUTATEN

280 g gefrorene Erdbeeren

60 g Zucker

2 TL Zitronensaft (Seite 15)

1. Gib die gefrorenen Erdbeeren mit Zucker und Zitronensaft in einen **mittelgroßen Topf**. Erhitze die Mischung bei mittlerer Hitze 7–9 Minuten, bis sie brodelt und der Zucker aufgelöst ist. Rühre zwischendurch mit einem **Kochlöffel** oder **Teigschaber** um.

2. Schalte auf mittlere bis schwache Hitze herunter und lass die Soße noch 5 Minuten kochen, bis die Erdbeeren sehr weich sind.

3. Schalte den Herd ab und nimm den Topf vom Herd. Lass die Soße 5 Minuten abkühlen.

4. Zerdrücke die Beeren im Topf mit einem **Kartoffelstampfer** (Vorsicht, der Topf ist heiß!). Serviere die Soße warm. (Reste der Soße kannst du in einer Gefrierbox 1 Monat einfrieren. Erwärme sie vor dem Servieren in der Mikrowelle. Rühre alle 10 Sekunden um, bis sie wieder flüssig ist.)

 **Food Storys**

Leah Chase ist auf der Erdbeerfarm ihrer Eltern in Louisiana aufgewachsen. Später wurde sie eine preisgekrönte Köchin und Menschenrechtsaktivistin – und die Inspiration für Tiana im Disney-Film *Küss den Frosch*. Nachdem sie 2019 gestorben ist, haben ihre Enkelkinder in vierter Generation ihr Restaurant in New Orleans übernommen.

SÜSSER HUNGER

REGISTER

A

Abschmecken 17
Algen
    Musubi mit Frühstücksfleisch 39
Ananas
    Exotische Joghurtbissen 142
    Exotischer grüner Smoothie 66
Äpfel
    Apfel-Käse-Sandwich 46
    Herbstliche Früchtepfanne 138
Arme Ritter 60
Arroz con Leche 144
Avocados
    Avocado-Toast 22
    Avocado-Toast mit Lachs 23
    Avocado-Toast mit Za'atar und Feta 23
    Hähnchen-Bowl mit Gemüse 71
    Guacamole für zwei 49
    Kern entfernen 14

B

Bananen
    Bananeneis 150
    Bananenkuchen mit Schokofüllung 63
    Karotten-Smoothie 66
Basilikum
    Basilikum-Pesto 94
    Focaccia-Sandwich mit Tomate & Mozzarella 43
Beeren
    Erdbeersoße 153
    Joghurtbissen mit Beeren 142
    Muffins mit Beeren 130
Birnen
    Herbstliche Früchtepfanne 138
Bowls
    Hähnchenbowl mit Gemüse 71
    Reis-Bowl mit Lachs 71
    Tex-Mex-Salat-Bowl 71
Bratenthermometer 17
Brokkoli
    Brokkoli mit Zitrone 112
    Chow mein mit Gemüse und Tofu 97–99
Brot
    Fladenbrot aus der Pfanne 114–117
    Fladenbrot mit Kräutern 115–116
    Fladenbrot mit Za'atar 115, 116

Brownies, saftige 128–129
Butter schmelzen 17

C

Chayote-Kürbis
    Picadillo 80
Chilis
    Hähnchenbrust mit Chili und Limette 76
    vorbereiten 12
Chow mein mit Gemüse und Tofu 97
Cookies
    Cookies mit Schoko-Chips 122
    Dünne, knusprige Schoko-Cookies 124
    Erdnusbuttercookies 125

D

Das musst du wissen 10–17
Datteln, Tassenkuchen mit 132
Dips
    Guacamole für zwei 49
    Hummus 50
Dương, Reyna 134

E

Eier
    aufschlagen und trennen 17
    Muffin-Snack 26
    Muffin-Snack mit Spinat & Feta 27
    Tacos mit Ei & Käse 25
Eis
    Bananeneis 150
    Geschmacksrichtungen 151
Erdbeersoße 153
Erdnusbuttercookies 125
Erdnüsse
    Erdnussbutter-Cookies 125
    Furikake-Knabbermischung 55
    Scharf-süße Knabbermischung 57
    Vietnamesischer Kokos-Toast 135
Erdnussmus
    Erdnussbutter-Cookies 125
    Südafrikanischer Erdnusstopf 109

F

Fisch
  Avocado-Toast mit Lachs und Gewürzen 22
  Fischstäbchen-Tacos mit Krautsalat 84
  Lachsfrikadellen 87
  Reis-Bowl mit Lachs 71
Fladenbrot
  aus der Pfanne 114
  mit Kräutern 116
  mit Za'atar 116
Fleischbällchen aus dem Nahen Osten 82
Focaccia-Sandwich mit Tomate & Mozzarella 43
Früchtepfanne, Herbstliche 138
Furikake-Knabbermischung 57

G

Gemüse
  Ofengemüse 112
Grünkohl
  Basilikum-Pesto 94
  Exotischer grüner Smoothie 66
Guacamole für zwei 49
Gurken
  Gurkensalat mit Sesam 118
  Hähnchen-Bowl mit Gemüse 71

H

Hackfleisch
  Fleischbällchen aus dem Nahen Osten 82
  Hack mit Tomaten und Oliven 80
  Köfte 82
  Picadillo 80
Hähnchen
  Hähnchen-Bowl mit Gemüse 71
  Hähnchenbrust aus dem Ofen 76
  Hähnchenbrust mit Chili und Limette 79
  Hähnchenbrust mit Knoblauch und Kräutern 79
  Hähnchenbrust mit Zitrone und Pfeffer 79
  Hähnchenbrust süß und rauchig 79
Honig
  Karotten mit Honig und Butter 112
  Süß-scharfe Knabbermischung 55
Hummus 50

J

Joghurt
  Exotische Joghurtbissen 142
  Joghurtbissen mit Beeren 142

K

Karotten
  Hähnchen-Bowl mit Gemüse 71
  Karotten mit Honig und Butter 112
  Karotten-Smoothie 66
Kartoffeln
  Hack mit Tomaten und Oliven 80
  Lachsfrikadellen 87
  Ofenkartoffeln mit Knoblauch 112
Käse
  Apfel-Käse-Sandwich 46
  Avocado-Toast mit Za'atar und Feta 47
  Muffin-Snack 26
  Muffin-Snack mit Spinat & Feta 31
  Focaccia-Sandwich mit Tomate & Mozzarella 43
  Käse reiben und raspeln 16
  Kichererbsen-Sandwich 31
  Omas Pizza 104
  Pizza-Popcorn 52
  Quesadilla 33
  Roti-Pizza mit Pilzen 73
  Sandwich mit Kimchi & Käse 47
  Sandwich mit Schinken, Tomaten & Käse 47
  Tacos mit Ei & Käse 25
  Tex-Mex Salat-Bowl 71
Khan, Asma 86
Kichererbsen
  Hummus 50
  Kichererbsen-Sandwich 31
Kimchi
  Sandwich mit Kimchi & Käse 47
  Schnipp-Schnapp-Nudeln 101
Knabbermischung 55
Knoblauch
  hacken 13
  Hähnchenbrust aus dem Ofen mit Kräutern und Knoblauch 79
  Ofenkartoffeln mit Knoblauch 112
  schälen 13
Köfte 82
Kokosmilch
  Exotischer grüner Smoothie 66
  Karotten-Smoothie 66

REGISTER

Kokosrapsel
    Exotische Joghurtbissen 142
    Südafrikanischer Erdnusstopf 109
    Vietnamesischer Kokos-Toast 135
Kräuter
    Basilikum-Pesto 94
    Fladenbrot mit Kräutern 114
    hacken 10
    Hähnchenbrust aus dem Ofen mit Knoblauch und Kräutern 79
Krishna, Priya 72
Kroketten
    Muffin-Snack 26
    Muffin-Snack mit Spinat & Feta 27
Kuchen
    Bananenkuchen mit Schokofüllung 63
    Kürbiskuchen mit Ahornglasur 41
    Mangotorte aus dem Kühlschrank 147
    Saftige Brwonies 129
    Tassenkuchen mit Datteln 132
Küchentechniken 10–17
Kürbiskuchen mit Ahornglasur 141

L

Lachs
    Avocado-Toast mit Lachs und Gewürzen 23
    Lachsfrikadellen 87
    Reis-Bowl mit Lachs 71
Limetten
    abreiben und auspressen 15
    Hähnchenbrust aus dem Ofen mit Chili und Limette 79

M

Mais
    Tex-Mex-Salat-Bowl 71
Mango
    Exotische Joghurtbissen 142
    Exotischer grüner Smoothie 66
    in Stücke schneiden 149
    Mangotorte aus dem Kühlschrank 147
Mbau, Portia 106
McKinnon, Hetty Lui 96
Messer, Umgang mit 10
Milchreis 144
Mini-Pfannkuchen 59
Muffins mit Beeren 130

Muffin-Snack 26
Muffin-Snack mit Spinat & Feta 27
Musubi mit Frühstücksfleisch 39

N

Nudeln
    Chow mein mit Gemüse und Tofu 97
    Nudeln mit Marcella Hazans Tomatensoße 91
    Schnipp-Schnapp-Nudeln mit Kimchi 101

O

Ofengemüse 112
Öl erhitzen 17
Orangen abreiben und auspressen 15

P

Paprika
    Chow mein mit Gemüse und Tofu 97
    Topping für Hummus 50
Party Time 18
Pesto
    Basilikum-Pesto 94
    Variationen 94
Pfannkuchen, Mini- 59
Picadillo 80
Pilze
    Chow mein mit Gemüse und Tofu 97
    Roti-Pizza mit Pilzen und Käse 73
Pizza
    Omas Pizza 104
    Roti-Pizza mit Pilzen und Käse 73
    Pizza-Popcorn 52
Popcorn 52

Q

Quesadilla mit Schinken & Käse 33

R

Reis
    Hähnchen-Bowl mit Gemüse 71
    Langkornreis rösten 111
    Milchreis 144

Musubi mit Frühstücksfleisch 39
Reis-Bowl mit Lachs 71
Reis kochen, zwei Arten 110
Roti-Pizza mit Pilzen 73

S

Saftige Brownies 129
Salate
   Gurkensalat mit Sesam 118
   Tex-Mex-Salat-Bowl 71
Sandwiches
   Apfel-Käse-Sandwich 46
   Focaccia-Sandwich mit Tomate &
     Mozzarella 43
   Kichererbsen-Sandwich 31
   Sandwich mit Kimchi & Käse 46
   Sandwich mit Schinken, Tomaten &
     Käse 46
Schinken
   Sandwich mit Schinken, Tomaten &
     Käse 46
   Quesadilla mit Schinken & Käse 33
Schlagsahne 148
Schokolade
   Bananenkuchen mit Schokofüllung 63
   Cookies mit Schoko-Chips 122
   Dünne, knusprige Schoko-Cookies 124
   Saftige Brownies 129
   Warme Schokoladensoße 152
Slagle, Ali 42
Smoothies
   Exotischer grüner Smoothie 66
   Karotten-Smoothie 66
Soßen
   Basilikum-Pesto 94
   Erdbeersoße 153
   Warme Schokoladensoße 152
Spinat
   Muffin-Snack mit Spinat & Feta 27
Südafrikanischer Erdnusstopf 109
Suppen
   Südafrikanischer Erdnusstopf 108
   Superschnelle cremige Tomatensuppe
     36

T

Tacos
   Fischstäbchen-Tacos mit Krautsalat 84
   Tacos mit Ei & Käse 25
Tassenkuchen mit Datteln 132

Tex-Mex-Salat-Bowl 71
Toast
   Avocado-Toast 22
   Avocado-Toast mit Lachs 23
   Avocado-Toast mit Za'atar und Feta 23
   Vietnamesischer Kokos-Toast 135
Tofu
   Chow mein mit Gemüse und Tofu 97
Tomaten
   Focaccia-Sandwich mit Tomate &
     Mozzarella 43
   Marcella Hazans Tomatensauce 91
   Omas Pizza 104
   Picadillo 80
   Sandwich mit Schinken, Tomaten &
     Käse 47
   Superschnelle cremige Tomatensuppe 36
   Tex-Mex-Salat-Bowl 71
Tortillas
   Fischstäbchen-Tacos mit Krautsalat 84
   Quesadilla mit Schinken & Käse 33
   Tacos mit Ei & Käse 25
Toyota, Lauren 28

V

Vietnamesischer Kokos-Toast 135

W

Warme Schokoladensoße 152

Z

Za'atar
   Avocado-Toast mit Feta und Za'atar 23
   Fladenbrot mit Za'atar 114
Zitronen
   abreiben und auspressen 15
   Brokkoli aus dem Ofen mit Zitrone 112
   Hähnchenbrust aus dem Ofen mit Zitrone
     und Pfeffer 79
Zitrusfrüchte
   auspressen 15
   Brokkoli mit Zitrone 112
   Hähnchenbrust mit Chili und Limette 79
   Hähnchenbrust mit Zitrone und Pfeffer 79
   Schale abreiben 15
Zutaten abmessen 10
Zutaten abwiegen 10
Zwiebeln schälen und hacken 11

ÜBER REBEL GIRLS

REBEL GIRLS ist eine weltweite Empowerment-Marke, die bereits vielfach ausgezeichnet wurde. Mit einer wachsenden Community von 35 Millionen selbst ernannten Rebel Girls in mehr als 100 Ländern hat sich die Marke zum Ziel gesetzt, das Selbstbewusstsein von Mädchen durch Inhalte, Erlebnisse, Produkte sowie eine stetig wachsende Gemeinschaft zu fördern. Dabei legt sie besonderen Wert darauf, Mädchen und Frauen mit verschiedenen Hintergründen eine Stimme zu geben. Alles begann mit dem internationalen Kinderbuch-Bestseller *Goodnight Stories for Rebel Girls*, der Geschichten von außergewöhnlichen Frauen aus allen Epochen und allen Teilen der Welt erzählt. Neben den inspirierenden Biografien gibt es auch Ratgeber für Mädchen mit Themen rund ums Erwachsenwerden.

BLEIBT GESPANNT: Die vielfach international ausgezeichnete Marke hat noch weitere Bücher und spannende Projekte für alle Rebel Girls da draußen geplant. Weitere Informationen zu den Rebel Girls findet ihr unter: www.dk-verlag.de/rebelgirls

DANK

REBEL GIRLS dankt den Köchinnen, die zu diesem Buch beigetragen haben – nicht nur für die Rezepte sondern auch für die Erinnerungen und Geschichten: Lauren Toyota, Ali Slagle, Priya Krishna, Asma Khan, Hetty Lui McKinnon, Portia Mbau, Reyna Dương.

REBEL GIRLS bedankt sich auch bei den Rebels und ihren Familien, die geholfen haben, die Rezepte zu testen. Vielen Dank, dass ihr eure Meinung und eure Küchenabenteuer mit uns geteilt habt: Addy, Anastasia, Arden, Ariana, Astrid, Cali, Charlie, Coco, Ella, Etta, Evie, Goldie, Halle, Isabelle, J, Lara, Liliya, Linnea, Luka, Madison, Malia, Marian, Maya, Olivia, Pierce, Place, Robyn, Saanya, Sophie, Taj, Viva, Vivian, Yelena.

Und natürlich danken wir auch dem Rebel-Girls-Team: Amy Pfister, Eliza Kirby, Giulia Flamini, Hannah Bennett, Jes Wolfe, Jess Harriton, Jessica Novak, Kristen Brittain, Michon Vanderpoel, Rachel Toby, Sarah Parvis, Taleen Alexander-Houck.

Bildnachweis: TITUS GROUP (Hintergründe); Svetolk, Sunil und Lysenko. A – stock.adobe.com (Pfeile)

ANDERE BÜCHER FÜR REBEL GIRLS

Rebel Girls Growing up Powerful

So wirst du stark und selbstbewusst: Alles über Körper, Gefühle und Freundschaft

ISBN 978-3-8310-5095-6

Rebel Girls Growing up Powerful Journal

Lerne dich selbst kennen. Mit Listen, Tests und inspirierenden Fragen

ISBN 978-3-8310-5106-9

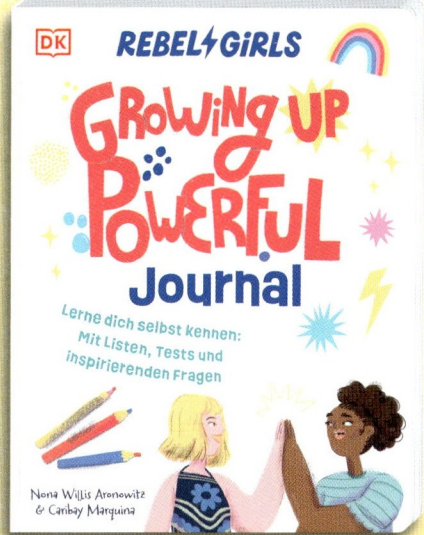

DK Penguin Random House

Lektorat Molly Birnbaum, Kristin Sargianis,
Gestaltung und Bildredaktion Annie Marino, Emma Campion
Herstellung Joyce Wrong, Mari Gill, Faith Hague, Jane Chinn
Fotoassistenz Ashli Buts, David Koung, Dave Klaus
Foodstyling Carrie Ann Purcell, Daniela Swamp, Max Rappaport, Hina Mistry

Für die deutsche Ausgabe:
Projektbetreuung Janna Heimberg
Herstellungskoordination Arnika Marx
Herstellung und Covergestaltung Stefanie Staat

Titel der englischen Originalausgabe:
Rebel Girls Cook. 100+ kid-tested recipes you can make, share + enjoy!

© Ten Speed Press, 2024
Ein Imprint der Crown Publishing Group,
Penguin Random House LLC, New York, United States
Alle Rechte vorbehalten

Text Copyright © by Rebel Girls Inc.
Fotos Copyright © by Jennifer Chong
Illustrationen Copyright © by Louisa Cannell

© der deutschsprachigen Ausgabe: 2025
Dorling Kindersley Verlag GmbH, Arnulfstr. 124, 80636 München
Ein Unternehmen der Penguin Random House Group
Alle deutschsprachigen Rechte vorbehalten

Jegliche – auch auszugsweise – Verwertung, Wiedergabe, Vervielfältigung oder Speicherung, ob elektronisch, mechanisch, durch Fotokopie oder Aufzeichnung, bedarf der vorherigen schriftlichen Genehmigung durch den Verlag.

Die automatisierte Analyse des Werkes, um daraus Informationen, insbesondere über Muster, Trends und Korrelationen gemäß § 44b UrhG (Text und Data Mining) zu gewinnen, ist untersagt.

Übersetzung Wiebke Krabbe, Gefjon Blaga
Lektorat Carmen Söntgerath

ISBN 978-3-8310-5107-6
5902-970884-24022-01

Druck und Bindung TBB, a.s., Slowakei

FSC MIX Papier | Fördert gute Waldnutzung FSC® C018179

www.dk-verlag.de

Hinweis
Die Informationen und Ratschläge in diesem Buch sind von den Autoren und vom Verlag sorgfältig erwogen und geprüft, dennoch kann eine Garantie nicht übernommen werden. Eine Haftung der Autoren bzw. des Verlags und seiner Beauftragten für Personen-, Sach- und Vermögensschäden ist ausgeschlossen.